Mit Krippenkindern in Bewegung!

Mitmachideen, Bewegungsspiele und Massagegeschichten für das ganze Jahr

Eva Danner

Verlag an der Ruhr

Impressum

Titel
Mit Krippenkindern in Bewegung!
Mitmachideen, Bewegungsspiele und Massagegeschichten für das ganze Jahr

Autorin
Eva Danner

Titelbildmotiv und Fotos
Eva Danner

Verlag an der Ruhr
Mülheim an der Ruhr
www.verlagruhr.de

Geeignet für die Altersstufen 1–3

ISBN 978-3-8346-0853-6

Printed in Germany

Inhaltsverzeichnis

Ein paar Worte vorab …

Bewegung ist ein menschliches Grundbedürfnis, das bereits vor der Geburt im Mutterleib stattfindet. Kaum auf der Welt, beginnt der Säugling zu strampeln und reflexartig zuzugreifen. Später erkundet das Kleinkind krabbelnd und robbend seine Umwelt, ehe es wenige Monate danach zaghaft seine ersten Schritte macht.

Kinder brauchen Bewegung

Bewegung ist aktive Auseinandersetzung mit der Welt. Die Kleinen wollen sich bewegen, wollen klettern und hüpfen, in Pfützen springen oder über Baumstämme balancieren. Sie lieben es, mit dem Bobbycar den Weg entlangzusausen oder auf der Schaukel hin- und herzuschwingen. Nur durch aktives Bewegen gewinnen sie Sicherheit, lernen sich und ihren Körper kennen und können ihre motorischen Fähigkeiten erfahren und erproben. Sowohl drinnen als auch draußen, im Sommer wie im Winter, gibt es unendlich viele Möglichkeiten, dem kindlichen Bewegungsdrang nachzukommen.

Sicherheit ist das Wichtigste

Wichtig ist, bereits Kleinkindern vielfältige Möglichkeiten zu geben, sich auszuprobieren und körperlich aktiv werden zu können, jedoch immer mit einem Erwachsenen in der Nähe, der Gefahren richtig einzuschätzen und helfend einzugreifen vermag, wenn es erforderlich ist. Den Kindern einiges zutrauen, sie aber niemals sich selbst zu überlassen, ist die Grundvoraussetzung für ein unterstützendes motorisches Lernen – und überhaupt für jedes Lernen.

Von Seiten der Erzieherin müssen Gefahrenquellen beseitigt und für ausreichende Sicherheitsvorkehrungen gesorgt werden, damit Bewegung gefahrlos stattfinden kann. Auch die Bewegungsangebote in diesem Buch, insbesondere die Bewegungsimpulse, erfordern Ihre ganze Achtsamkeit und ein verantwortungsvolles Sicherheitsbewusstsein. Sichern Sie daher vor allem die Bewegungsstationen, wenn erforderlich, mit Matten ab. Oder integrieren Sie einen zusätzlichen Fallschutz o. Ä., falls es Ihnen notwendig erscheint.
Je mehr die Kleinen sich in einem sicheren Umfeld erproben, desto besser können sie sich und ihre Fähigkeiten einschätzen, und desto selbstständiger werden sie dabei: „Wie hoch kann ich klettern?", „Schaffe ich es ohne Hilfe wieder nach unten?", „Kann ich die Treppen schon alleine laufen?"

Bewegung macht Spaß und unterstützt die gesunde Entwicklung

Aus diesem Grund ist Bewegung bereits für die Kleinsten unerlässlich. Alle im Buch gezeigten Ideen wurden bereits mehrfach in der Praxis erprobt und sind für die Bedürfnisse der 2- bis 3-Jährigen konzipiert. Ziel ist es, bereits Kindern unter 3 Jahren Spaß an Bewegung zu vermitteln und sie in ihren motorischen Fähigkeiten auf spielerische und altersadäquate Weise zu fördern.

Ein paar Worte vorab ...

Im Folgenden gebe ich Ihnen einen **Überblick** darüber, welche **motorischen Fähigkeiten** Sie mit den Angeboten in diesem Buch fördern können:

- Vielfältige Bewegungsimpulse schulen auf unterschiedliche Art und Weise die **Körpersinne** und das **Raumgefühl**.
- Angebote zum Balancieren fördern den **Gleichgewichtssinn** und die **Konzentration**.
- Indem sich die Kinder auf verschiedenen Untergründen bewegen, wie z. B. Matten, Schaumstoffelementen oder weichen Matratzen, erproben sie ihr **Gleichgewicht** und **Körpergefühl**.
- Beim Klettern (an Sprossenwand und Kletternetz) stärken die Kleinen ihre **Arm-** und **Beinmuskulatur**.
- Indem sie sich über eine Bank oder am Boden entlangziehen, stärken sie ihre **Armmuskulatur**.
- Das Hochziehen oder Anhängen an Turngeräten erfordert **Muskelkraft** und stärkt die **Gelenke**.
- Indem sie verschiedene Fortbewegungsarten wie rennen, krabbeln, klettern, hüpfen, springen, balancieren oder kriechen ausprobieren, verbessern die Kleinen ihre **Koordination** und **Geschicklichkeit** und steigern zudem noch ihre **Kondition**. Außerdem sind diese Bewegungen raumgreifend. Die Kinder machen sich so den Raum mit dem ganzen Körper zu eigen. Das gibt ihnen Sicherheit und fördert ihr **Selbstvertrauen** und **Selbstbewusstsein**.

Bei der **Auswahl der Themen** habe ich auf folgende Aspekte großen Wert gelegt:

- Die Inhalte entsprechen der **Lebenswelt** der Kinder.
- Die 10 Projekte enthalten abwechslungsreiche Bewegungsideen mit vielfältigen Vorschlägen für das **ganze Jahr**.
- Die **Freude** an Bewegung steht bei jeder Aktivität im Vordergrund.
- Die Bewegungsvorschläge sind meist ohne großen Aufwand umsetzbar.
- Die Projekte enthalten **wiederkehrende Elemente**, denn das gibt den Kindern Sicherheit.
- Viele Ideen lassen sich **drinnen** und auch **draußen** umsetzen, und es gibt sowohl für den **Turn-** als auch für den **Gruppenraum** geeignete Vorschläge.

Um Bewegung im Alltag Raum zu geben, kommen in diesem Buch bei allen Themen unterschiedliche Methoden zum Einsatz. Im Folgenden gebe ich Ihnen einen kurzen, erläuternden **Überblick** über die einzelnen **Angebotstypen** der Projekte:

Bewegungslieder

Musik und Bewegung machen Spaß, kombiniert noch viel mehr. Kinder bewegen sich zur Musik, singen und werden körperlich aktiv. Dies fördert die Konzentration, die Motorik und die Sprachentwicklung. Alle Bewe-

Ein paar Worte vorab …

gungslieder lassen sich mit traditionellen, bekannten Melodien nachsingen, was ein langes und intensives Einüben überflüssig macht. Singen Sie zusammen in vertrauter Weise, und bewegen Sie sich dazu – mit den Liedern in diesem Buch geht das ganz spontan.

Bewegungsgeschichten

Die Geschichten sind kurz, leicht verständlich und auf die Altersgruppe der 2– bis 3-Jährigen abgestimmt. Die Handlungen begleiten die Kinder mit einfachen Bewegungen, die sie leicht nachvollziehen können. Da für die meisten Geschichten oft keine Hilfsmittel nötig sind, können Sie diese sowohl drinnen als auch draußen erzählen.

Bewegungsspiele/Ganzkörperspiele

Bei den Spielen handelt es sich um kurze, einfache und lustige Spiele, welche Sie mit einer ganzen Kindergruppe mühelos durchführen können, da die Bewegungen von allen gleichzeitig ausgeführt werden. Der Text ist in Reimform verfasst und daher sehr einprägsam. Die Bewegungen sind für die Kinder gut umsetzbar und machen außerdem viel Spaß.

Massagegeschichten

Kinder mögen Massagegeschichten meist gerne. Den Körperkontakt empfinden sie in der Regel als angenehm und genießen ihn sehr. Massagegeschichten dienen der Entspannung, dem Stressabbau und helfen den Kleinen dabei, zur Ruhe zu kommen. Die Inhalte der einzelnen Geschichten sind kurz und leicht verständlich.

Bewegungsimpulse

Die Impulse sind für den Turn-/Bewegungsraum konzipiert. Mit Turngeräten wie Sprossenwand, Kletternetz, Kasten, Leiter, Rutsche und Langbank sind die meisten Vorschläge für kleine Bewegungsstationen umzusetzen. Einige weitere Hilfsmittel, wie Bälle, Tücher, Holzstäbe, Matten und Ähnliches, sind sicher in den meisten Einrichtungen vorhanden. Und andere benötigte Dinge können leicht selbst und ohne großen Aufwand hergestellt werden. Die Bewegungsimpulse sind vielseitig und ermöglichen es den Kindern, eine große Bandbreite an Bewegungen und Bewegungsabläufen zu erproben. Außerdem ist jede Bewegungsstation in eine inhaltliche „Rahmenhandlung" eingebettet. Im Dschungelprojekt geben die Stationen beispielsweise Impulse, um die Besonderheiten der einzelnen Dschungelbewohner kennenzulernen. Im Osterprojekt geht es darum, dem Osterhasen bei seinen Vorbereitungen unter die Arme zu greifen und etwas über die Osterbräuche zu erfahren. Das fördert nicht nur die Fantasie der Kleinen, sondern steigert zudem noch die Motivation zur Bewegung.

Bevor ich Sie nun mit diesem Buch in spannende und bewegte Projekte zusammen mit Ihren Kleinsten entlasse, möchte ich es an dieser Stelle nicht versäumen, meiner Kollegin und guten Freundin Beate Vogel einen besonderen Dank auszusprechen. Herzlichen Dank – für die vielfältigen Anregungen, das ehrliche Feedback und die unermüdliche Unterstützung, aber auch für die konstruktive Kritik und tatkräftige Mithilfe bei der praktischen Umsetzung der einzelnen Inhalte.

Ihnen wünsche ich nun erlebnisreiche und vergnügte Bewegungsstunden mit Ihren Kleinsten!

Eva Danner

Auf der grünen Wiese

Die Wiese bietet ein gigantisches Erlebnisfeld für Kinder: Blumen, Gräser und unendlich viele Tiere haben dort ein Zuhause gefunden. Der braune Feldhase, der fröhlich durch das Gras hoppelt, das scheue Reh oder auch die vielen winzigen Insekten, welche die Wiese über und unter der Erde bevölkern, sind bereits für Kinder unter 3 Jahren spannend und interessant. Regenwürmer, Schmetterlinge oder Bienen sind nur einige der unzähligen Wiesenbewohner.
Tiere, die sich unterschiedlich fortbewegen, mögen schon die Kleinsten sehr. Deshalb sollen die Wiesentiere in diesem Bewegungsprojektebuch nicht unberücksichtigt bleiben.

In einem einfachen **Bewegungslied** erfahren die Kinder die unterschiedlichen Fortbewegungsarten der Wiesenbewohner. Sie machen diese nach und verbessern dabei ihre Kondition.

Durch vielfältige **Bewegungsimpulse** werden die Kleinen selbst zu fleißigen Honigbienen, die eifrig bunte Blütenpollen einsammeln. Dazu kriechen, krabbeln, klettern und balancieren sie an den verschiedenen Stationen und stärken so ihre Arm- und Beinmuskulatur. Zudem machen sie hierbei verschiedene Raumerfahrungen und verbessern ihr Gleichgewicht.

In einer fröhlichen **Bewegungsgeschichte** helfen die Kinder den Tieren bei den Vorbereitungen zum großen Wiesenfest. Dabei erproben sie verschiedene Bewegungsformen und verbessern gleichzeitig auch ihre Koordination und ihr Raumgefühl.

Viele bunte Blütenpollen haben die fleißigen Bienen zum Bienenstock gebracht.

Ein lustiges **Ganzkörperspiel** berichtet vom kleinen Hasen, der auf der Wiese unterwegs ist. Die Kinder begleiten ihn auf seinem Wiesenstreifzug und schließen sich dabei seinen Bewegungen an. Auf diese Weise schulen sie ihre Koordination und Ausdauer.

Ich wünsche Ihnen und Ihren Kindern viele bewegungsreiche Augenblicke mit großen und kleinen Wiesentieren!

Kleine Biene, flieg

Melodie: traditionell „Summ, summ, summ“ **Text:** Eva Danner

1.

Flieg, flieg, flieg, kleine **Biene**, flieg.
Flieg über die Blumenwiese,
keine ist so schön wie diese.
Flieg, flieg, flieg, kleine Biene, flieg.
(Arme ausbreiten und auf- und abbewegen)

2.

Hüpf, hüpf, hüpf, kleiner **Hase**, hüpf.
Hüpf über die Blumenwiese,
keine ist so schön wie diese.
Hüpf, hüpf, hüpf, kleiner Hase, hüpf.
(hüpfen)

3.

Lauf, lauf, lauf, kleines **Mäuschen**, lauf.
Lauf über die Blumenwiese,
keine ist so schön wie diese.
Lauf, lauf, lauf, kleines Mäuschen, lauf.
(schnell laufen/rennen)

Bienen schwirren umher

Erzählen Sie den Kindern, dass auf der großen Wiese viele Bienen herumfliegen. Sie summen und brummen und sammeln fleißig Blütenpollen, aus denen sie köstlichen Honig machen. In diesem kleinen Spiel zum Warmwerden werden die Kleinen nun selbst zu fröhlichen Bienchen.

Das brauchen Sie:

- kleine bunte Gummimatten, CD-Player, Musik

So geht es:

- Verteilen Sie so viele kleine **Gummimatten** im Turnraum, wie Kinder mitspielen. Diese stellen die Blumen dar. Lassen Sie beschwingte **Musik** laufen, und alle Kinder breiten ihre Arme aus und fliegen als kleine Bienchen umher. Stoppen Sie dann die Musik, und rufen Sie: „Alle Bienen suchen sich eine Blüte aus!" Nun darf sich jedes Kind auf eine Gummimatte setzen, bis die Musik erneut erklingt und die Bienen wieder über die Wiese fliegen.

Honig sammeln

Das brauchen Sie für den Gesamtaufbau:

- einen großen Korb, vier Stationen

Berichten Sie den Kleinen, dass viele Bienen auf der Wiese unterwegs sind. Eifrig fliegen sie von Blume zu Blume und sammeln Blütenpollen ein. Diese tragen sie dann in ihren Bienenstock (Korb). Als fleißige Bienchen dürfen die Kinder jetzt auch Pollen in ihr Zuhause bringen.

Stellen Sie zunächst einen großen **Korb** in die Mitte des Turnraumes, der den Bienenstock darstellt. An den folgenden **vier Stationen** können die Kleinen nun Blütenpollen (bunte Bälle) sammeln und zu ihrem Zuhause transportieren.

In der Höhle

Das brauchen Sie:

- einen Reifen, rote Bälle, einen Kriechtunnel

So geht es:

- Legen Sie einen **Reifen,** der mit **roten Bällen** (Blütenpollen) gefüllt ist, auf den Boden. Bauen Sie einen **Kriechtunnel** als Höhle auf, und legen Sie ihn zwischen den **Reifen** und den „Bienenstock". Die Kinder nehmen sich einen roten Ball und „fliegen" damit durch die „Höhle", um ihn im „Bienenstock" abzulegen.

Eine Biene fliegt durch die Höhle zum Bienenstock.

Bienchen auf der Wiese

Über den Fluss

Das brauchen Sie:

- zwei Kastenoberteile, eine Rutsche, zwei Turnmatten, eine Leiter, eine Kiste, gelbe Bälle

So geht es:

- Stellen Sie zwei **Kastenoberteile** auf den Boden, und legen Sie eine **Rutsche** als Brücke oben auf. Platzieren Sie zwei blaue **Turnmatten** als Wasser darunter. Hängen Sie an einem Kastenoberteil eine **Leiter** ein, und stellen Sie daneben eine **Kiste** mit **gelben Bällen**. Die Kinder steigen die Sprossen hoch und krabbeln auf den Kasten. Jede „Biene" darf sich eine „Polle" herausnehmen, dann auf die andere Seite balancieren und sie in den „Bienenstock" legen.

Gelbe Blütenpollen gelangen sicher über den Fluss.

Durch die Berge

Das brauchen Sie:

- mehrere Reifenständer, Gymnastikstangen, einen Reifen, blaue Bälle

So geht es:

- Um die Berge zu bauen, stellen Sie immer zwei **Reifenständer** vertikal auf, und stecken je eine **Gymnastikstange** dazwischen. Legen Sie neben den ersten „Berg" einen **Reifen**, in welchem sich **blaue Bälle** befinden. Die Kinder nehmen einen Ball und überqueren die „Berglandschaft". Am „Bienenstock" angekommen, legen sie die blaue Polle dort hinein.

Auch über die hohen Berge tragen die Bienen ihre Pollen zum Bienenstock hin.

Im Wald

Das brauchen Sie:

- drei Reifen, zwei Reifenständer, Balancierhalbkugeln (alternativ: Keulen oder Gymnastikkegel), grüne Bälle, eventuell grüne Chiffontücher

Tipp:
Sie können **grüne Tücher** an die Reifen knoten, um den Eindruck eines Waldes zu verstärken.

So geht es:

- Nun müssen die fleißigen Bienen durch den dichten Tannenwald fliegen. Stellen Sie zwei **Reifen** in die **Reifenständer** mit einem Abstand von etwa 3 bis 4 Metern zueinander auf. Dies ist der Waldweg zur anderen Seite. Platzieren Sie mehrere **Balancierhalbkugeln** als Tannenbäume auf dem Boden, um welche die „Bienen" herumfliegen. Legen Sie neben den „Waldeingang" einen **Reifen** mit **grünen Bällen**. Die Kinder nehmen sich eine „Polle", krabbeln durch den ersten Reifen, umfliegen die „Tannenbäume" und krabbeln auf der anderen Seite durch den zweiten Reifen wieder aus dem „Wald" heraus.

Eine Biene fliegt mit ihrer Blüte durch den Tannenwald.

Willkommen zum Wiesenfest

Auf der Wiese ist heute eine Menge los. Die Tiere haben sich dort versammelt. Sie wollen ein Fest feiern. Doch bis es endlich losgehen kann, müssen noch viele Dinge erledigt werden. Der Hase hüpft umher und hängt Laternen an die Zweige der Bäume, die später, wenn es dunkel ist, schön leuchten sollen (hüpfen und pantomimisch die Laternen aufhängen). Die Vögel sind damit beschäftigt, leckere Beeren zu bringen. Sie fliegen herum und sammeln mit ihren Schnäbeln köstliches Obst. Erdbeeren und Himbeeren, sogar Kirschen tragen sie herbei (Arme ausbreiten und auf- und abbewegen/pantomimisch Beeren sammeln). Das Eichhörnchen klettert geschickt die Baumstämme hoch und runter und sammelt Nüsse. Auch diese soll es beim Wiesenfest geben (Kletterbewegungen ausführen). Viele kleine Mäuse flitzen eilig durch das Gras. Sie suchen bunte Blumen und schmücken damit den Festplatz (Vierfüßlergang und pantomimisch Blumen pflücken). Wenn die Vorbereitungen abgeschlossen sind, kann es endlich losgehen. Die Musik beginnt, zu spielen. Sogleich fliegen die Schmetterlinge lachend umher (Arme ausbreiten und auf- und abbewegen). Die Hasen drehen sich fröhlich im Kreis (sich im Kreis drehen), die Füchse stampfen mit den Füßen (stampfen), und die Eichhörnchen klatschen in die Hände (klatschen). Dann nehmen sich alle Tiere an die Hand und tanzen gemeinsam über die Wiese (einen Kreis bilden, sich an den Händen fassen und laufen). Es ist ein wunderbares Fest. Alle feiern bis spät in die Nacht. Und die Tiere der Wiese freuen sich bereits jetzt darauf, wenn es im nächsten Jahr wieder heißt: „Willkommen zum Wiesenfest!"

Zum Abschluss:

Als ruhiger Ausklang zu dieser bewegungsreichen Geschichte eignet sich das folgende Massagelied hervorragend. Alles, was Sie dazu benötigen, ist ein **Massageball** (Igelball) und eine bequeme **Unterlage**. Bitten Sie das Kind, sich auf den Bauch zu legen, und schon kann es losgehen: Singen Sie das **Lied „Ein kleines, braunes Igelchen"**, und bewegen Sie den Ball mit leichtem Druck vorsichtig über Rücken, Arme und Beine des Kindes. Die Kleinen werden dieses entspannende Massagelied genießen.

Eine entspannende Igelmassage

Text: Eva Danner
Melodie: „Ein kleines, graues Eselchen"

1.

Ein kleines, braunes Igelchen,
das krabbelt durch die Welt,
mit seinen Beinen flink und schnell,
weil ihm das gut gefällt.

2.

Es krabbelt über Berg und Tal,
den lieben langen Tag,
mal auf mal ab, mal hier mal dort,
weil es das gerne mag.

Auf der Wies im grünen Gras

Mit dem ganzen Körper spielen …

Auf der Wies im grünen Gras hockt jemand, wer ist denn das?	*Die Kinder sitzen auf dem Boden.*
Es ist ein Hase, der dort sitzt und seine beiden Ohren spitzt.	*Hände als Ohren an den Kopf halten*
Plötzlich hüpft der Hase los, macht Sprünge, wahrlich riesengroß.	*hüpfen*
Dann wackelt er noch mit dem Po	*mit dem Po wackeln*
und lacht ganz laut, denn er ist froh.	*lachen*
Nun beugt er irgendwie zweimal seine Knie,	*zwei Kniebeugen*
schnuppert noch am Blumenduft und springt dabei hoch in die Luft.	*hochhüpfen*
Jetzt ist er müd, hüpft schnell nach Haus	*hüpfen*
und streckt dort seine Beine aus.	*Beine strecken*
Er legt sich hin, will seine Ruh	*hinlegen*
und macht die kleinen Augen zu.	*Augen schließen*

Abenteuer im Wald

Kinder sind gerne draußen in der Natur. Vor allem der Wald fasziniert sie sehr mit seinen Tieren und Pflanzen. Bäume in allen Größen, Pilze die am Boden wachsen, Zapfen und anderes Naturmaterial, welches zum Spielen einlädt, begeistert Jung und Alt. Auch die Bewohner des Waldes sind interessant und spannend. Da gibt es Eichhörnchen, die eifrig in den Ästen herumklettern und Nüsse suchen. Oder vielleicht entdeckt man auch ein scheues Reh, das sich zwischen den Bäumen versteckt. Selbst kleinere Tiere wie Ameisen, die über den Boden krabbeln, oder Käfer, die sich zwischen Rindenstücken ein Zuhause geschaffen haben, sind dort zu finden. Diese Thematik kann in jeder Hinsicht anregend sein und bietet auch für vielfältige Bewegungsimpulse ein großes Handlungsfeld.

Waldkinder auf Entdeckungsreise

In einem einfachen **Bewegungslied** erfahren die Kleinen, welche Tiere im Wald leben und wie sie sich fortbewegen. Dabei dürfen sie die Fortbewegungsarten der einzelnen Waldbewohner selbst erproben und verbessern dabei ihre Körperwahrnehmung.

Durch verschiedene **Bewegungsimpulse** lernen die Kinder Eigenheiten und Lebensweise der Waldtiere genauer kennen: Sie sammeln Nüsse wie ein Eichhörnchen, helfen den Igeln, ein sicheres Winterquartier zu finden, oder fliegen umher wie eine Eule in der Nacht. Dabei kommen Klettern, Balancieren und Springen nicht zu kurz, die Kleinen stärken ihre Arm- und Beinmuskulatur und schulen ihren Gleichgewichtssinn.

In einer kurzen **Bewegungsgeschichte** begeben sich die Kleinen auf einen Waldspaziergang, bei dem es allerlei zu entdecken gibt. Diese Geschichte regt nicht nur ihre Fantasie an, sondern ermöglicht ihnen zudem, unterschiedliche Raumerfahrungen zu machen.

Ein lustiges **Tanzspiel** fördert den Gemeinschaftssinn, und die Kinder erproben sich und ihren Körper in unterschiedlichen Bewegungen.

Ich wünsche Ihnen und Ihren kleinen Naturforschern bewegungsreiche Walderfahrungen!

Es schleicht ein kleines Füchslein

Melodie: traditionell „In einem kleinen Apfel" **Text:** Eva Danner

1.
Es **schleicht** ein kleines **Füchslein**
im Wald ganz leis umher.
Es freut sich an der Sonne,
denn die gefällt ihm sehr.
(leise schleichen)

2.
Es **fliegt** ein kleines **Vöglein**
im Wald ganz froh umher.
Es freut sich an der Sonne,
denn die gefällt ihm sehr.
(Arme ausstrecken und auf- und abbewegen)

3.
Es **springt** ein kleines **Rehlein**
im Wald ganz schnell umher.
Es freut sich an der Sonne,
denn die gefällt ihm sehr.
(springen)

4.
Es **hüpft** ein kleines **Häslein**
im Wald ganz flink umher.
Es freut sich an der Sonne,
denn die gefällt ihm sehr.
(hüpfen)

5.
Es **flitzt** ein kleines **Mäuslein**
im Wald ganz leis umher.
Es freut sich an der Sonne,
denn die gefällt ihm sehr.
(schnell und leise rennen)

6.
Es **kriecht** die kleine **Schnecke**
im Wald ganz still umher.
Sie freut sich an der Sonne,
denn die gefällt ihr sehr.
(auf den Bauch legen und sich vorwärtsziehen)

Tipp:

Bis auf Strophe 6 eignet sich das Bewegungslied auch hervorragend dazu, dass Sie es mit den Kindern draußen in der freien Natur spielen. Vielleicht auf einer Wiese oder auf einer schönen Lichtung bei Ihrem nächsten Waldspaziergang …

Den Waldtieren auf der Spur

Fuchsrennen

Das brauchen Sie:

- Reifen, eine Handtrommel/ ein Tamburin

So geht es:

- Berichten Sie den Kindern davon, dass sich Füchse gerne in ihren Höhlen, die man Fuchsbau nennt, verstecken. Wenn die kleinen Füchse im Wald unterwegs sind, spielen sie gerne Verstecken. Nun werden die Kinder selbst zu kleinen Füchsen. Zunächst verteilen Sie, entsprechend der Anzahl der teilnehmenden Kinder, **Reifen** auf dem Turnraumboden. Dies sind die Fuchshöhlen. Solange Sie die **Trommel** schlagen, dürfen sich alle im Raum frei bewegen. Verstummt die Trommel, rufen Sie: „Alle Füchse in den Bau!" Sofort setzt sich jedes Kind in einen Reifen hinein. Manchmal teilen sich die Füchse sogar ein Versteck. Dieses Aufwärmspiel können Sie so lange spielen, wie die Kinder Lust dazu haben.

Waldtiere

Die Eichhörnchen sammeln eifrig Nüsse. Bald ist Winter, und sie finden dann keine Nahrung mehr, weil der Schnee alles zugedeckt hat. Deshalb bringen sie alle Vorräte in ihr Winterversteck.

Nüsse sammeln

Das brauchen Sie:

- Nüsse (alternativ: braune Bälle), einen Reifen, ein Kletternetz, zwei Behälter zum Befüllen mit Nüssen (alternativ: einen Karton oder Korb), zwei Turnseile, Matten zur Sicherung

So geht es:

- Verteilen Sie die **Nüsse** auf dem Boden, und legen Sie einen **Reifen** als Begrenzung hin. Bringen Sie oben am **Kletternetz** zwei **Behälter** an, die als Kobel dienen. Befestigen Sie einen davon etwas weiter oben am Netz, den anderen in niedrigerer Höhe. Zum Befestigen eignen sich **Turnseile** sehr gut. Die Kinder nehmen sich jeweils eine Nuss vom Boden, klettern das Netz hinauf und legen diese in den höher angebrachten Behälter hinein. Wer es nicht schafft, mit der Nuss in der Hand zu klettern, stellt sich auf die Zehenspitzen, streckt den Arm und legt die Nuss in den unteren Kobel. Sind alle Nüsse im Versteck, sind die Eichhörnchen gut für den Winter gerüstet.

Ein Eichhörnchen auf dem Weg zum Kobel

Den Waldtieren auf der Spur

Viele Igel sitzen im Gras. Bald kommt der Winter, und sie brauchen viele Blätter, um sich eine Höhle zu bauen, welche die Tiere bei Eis und Schnee wärmt. Leider liegt auf der Wiese kein einziges Blatt. Und es gibt auch keine Bäume, zwischen deren Wurzeln sie sich verstecken könnten. Doch im nahe gelegenen Wald stehen viele Bäume. Und dort gibt es auch Wurzeln zum Verstecken. Aber ein breiter Fluss trennt die Wiese vom großen Wald, und die armen Igelchen können nicht schwimmen. Wer hilft ihnen, den Fluss zu überqueren?

Igel umsiedeln

Das brauchen Sie:

- zwei Turnmatten, Igelbälle (Massagebälle), (Chiffon)-Tücher, eine Langbank

So geht es:

- Legen Sie **zwei Matten** getrennt voneinander im Turnraum auf den Boden. Die eine Matte symbolisiert die Wiese, auf welcher Sie viele **Igelbälle** platzieren. Die andere Matte stellt den Wald dar. Verteilen Sie dort mehrere **Tücher**, welche Blätter und Wurzeln darstellen, auf die man die Igel später legen kann. Stellen Sie nun eine **Bank** längs zwischen die beiden Matten. Jedes Kind nimmt einen Igelball in die Hand, rutscht oder balanciert über die Bank bis zur anderen Matte und setzt den „Igel" dort behutsam ab.

Gleich ist der kleine Igel in Sicherheit.

Im Wald ist es Nacht geworden. Die Eulen, die den ganzen Tag geschlafen haben, sind aufgewacht und fliegen umher. Mit ihren großen Augen können sie gut sehen und mit ihren Flügeln lautlos fliegen.

Eulen fliegen

Das brauchen Sie:

- eine Leiter, einen Kasten, eine dicke Matte, einen Korb, bunte (Chiffon)-Tücher, Matten zur Sicherung

Tipp:
Zum Ausklang dieser Bewegungsstunde eignet sich das Lied von Seite 14 sehr gut.

So geht es:

- Hängen Sie eine **Leiter** in eine Seite eines **Kastens** (Baum) ein. Auf die andere Seite legen Sie eine **dicke Matte**. Oben auf dem Kasten stellen Sie einen **Korb** bereit, in dem **bunte Tücher** liegen, welche die Flügel darstellen. Die Kleinen dürfen nun auf der Leiter nach oben klettern und sich zwei Tücher aus dem Korb herausnehmen. Mit ihren Flügeln fliegen die Eulen lautlos vom Baum herunter und landen auf einem „weichen Moosbett" (dicke Matte).

„Schuhuuu!", ruft die Eule in der Nacht.

Waldspaziergang

Es ist Herbst, und der Wind weht kräftig über das Land (pusten). Heute wollen wir einen Spaziergang in den Wald unternehmen. Wir nehmen einen Korb mit, denn im Wald findet man oft allerlei tolle Sachen (pantomimisch einen Korb halten oder kleine Körbchen austeilen). Jetzt geht es los. Bis zum Wald müssen wir ein ganzes Stückchen laufen (laufen). Endlich sind wir angekommen. Überall auf dem Boden wachsen Pilze. Schnell sammeln wir diese und legen sie in unsere Körbchen hinein (herumlaufen, sich hin und wieder bücken und pantomimisch etwas in den imaginären Korb legen).
Dahinten wachsen noch viel mehr Pilze. Schnell, lasst uns dorthin laufen (schnell zu einem ausgewählten Punkt im Raum laufen).
Nachdem unser Körbchen fast voll ist, ruhen wir uns ein wenig aus. Wir setzen uns auf einen Baumstamm (hinsetzen) und verschnaufen erst einmal (tief ein- und ausatmen).
Ein Eichhörnchen klettert in dem Baum. Wir winken ihm zu (winken). Nach einer Weile wollen wir weiterlaufen. Plötzlich fängt es an, zu regnen. Wir rennen schnell zu einem großen Baum und stellen uns unter (rennen). Wir machen uns ganz klein, um nicht nass zu werden (sich ducken und klein machen).
Zum Glück hört der Regen bald auf, und die Sonne scheint wieder. Gemütlich machen wir uns auf den Nachhauseweg (langsam umherspazieren). Manchmal ist noch eine Pfütze auf dem Boden, und wir springen mit einem großen Satz darüber. Das macht Spaß (mit geschlossenen Beinen hüpfen).
Auf dem Heimweg kommen wir an einem Apfelbaum vorbei. Rote, leckere Äpfel wachsen daran. Wir strecken uns, so hoch wir können, um welche zu pflücken. Wir legen sie in unseren Korb hinein (auf Zehenspitzen stellen, sich strecken und pantomimisch Äpfel pflücken).
Jetzt wird es aber wirklich Zeit, weiterzugehen, bevor es dunkel wird. Mit unserem Korb in der Hand, spazieren wir fröhlich nach Hause (singend umherschlendern).

Alle ducken sich, um nicht nass zu werden.

Eine kurze Verschnaufpause ist erlaubt.

Von den Tieren

Melodie: traditionell „Die Vogelhochzeit" **Text:** Eva Danner

Refrain:

Bei uns im Kreis, da ist was los.
Was tun die Tiere heut denn bloß?

So geht es:

- Nehmen Sie die Kinder an die Hand, und bilden Sie einen Kreis. Während der **Refrain** gesungen wird, laufen alle im Kreis herum. Beim Singen der einzelnen **Strophen** lässt man sich los, und es werden die entsprechenden Bewegungen ausgeführt. Der Refrain wird nach jeder Strophe gesungen. Dabei fassen sich alle wieder an der Hand.

1.
Stampfen mit dem Fuß,
stampfen mit dem Fuß,
stampfen laut mit ihrem Fuß.
(stampfen)

2.
Klatschen in die Hand,
klatschen in die Hand,
klatschen fest in ihre Hand.
(klatschen)

3.
Drehen sich im Kreis,
drehen sich im Kreis,
drehen sich ganz schnell im Kreis.
(sich im Kreis drehen)

4.
Wackeln mit dem Po,
wackeln mit dem Po,
wackeln froh mit dem Popo.
(mit dem Popo wackeln)

5.
Winken sich heut zu,
winken sich heut zu,
winken sich heut alle zu.
(winken)

6.
Hüpfen in die Luft,
hüpfen in die Luft,
hüpfen alle in die Luft.
(hüpfen)

Im Land der Riesen und Zwerge

Kinder lieben Geschichten. Besonders faszinieren sie die Erzählungen von Fantasiegeschöpfen und Zauberwesen wie Zwergen und Wichteln. Diese kleinen Kobolde, welche schlau und fröhlich sind, mögen schon die Kleinsten. Sich verstecken wie das Zwerglein unter der Erde oder in selbstgebauten Höhlen Unterschlupf finden, um sich dann von der Erzieherin/dem Erzieher suchen zu lassen, sind Dinge, die bereits Kindern unter 3 Jahren großen Spaß bereiten. „Wo hat sich das kleine Zwerglein nur versteckt?" Und schon hört man es von irgendwoher leise kichern. Doch nicht nur die lustigen Zwerge mit ihren roten Mützen können interessant und spannend sein. Auch Riesen, große, klobige Wesen von gigantischem Ausmaß, werden den Kindern viel Freude bereiten. Sich strecken wie die Riesen, groß werden und auf Zehenspitzen laufen, dann aber wieder klein sein wie ein Zwerg – mit den Gegensätzen von „groß" und „klein" zu spielen, hilft den Kleinen, eine Vorstellung von diesen beiden Begriffen zu bekommen. Kinder lieben diese Abwechslung, mögen es, in unterschiedliche Rollen zu schlüpfen und dabei sich selbst und die eigenen Bewegungen auszuprobieren. Aus diesem Grund bietet sich dieses Thema geradezu an, um es in einem Bewegungsprojekt zu erproben.

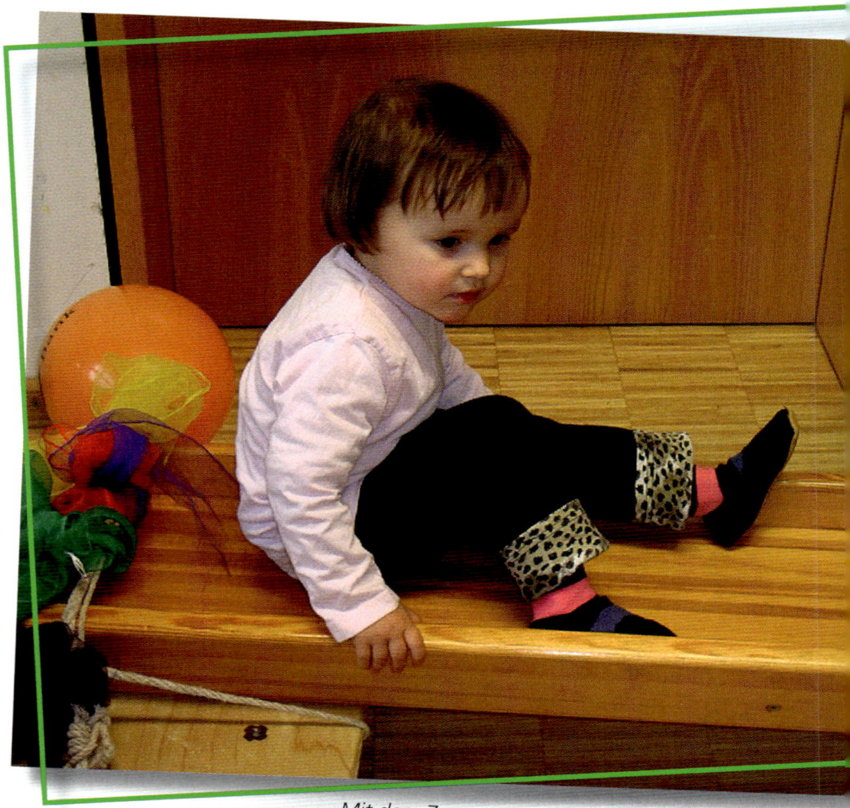

Mit dem Zwergenexpress auf großer Fahrt …

Ein einfaches **Bewegungslied** erzählt vom Tanz der Zwerge und Riesen und fördert die Körpererfahrung der Kinder.

Durch vielfältige **Bewegungsimpulse** können die Kleinen beim Zwergenfest ihre Motorik erproben. Sie klettern, kriechen, zielen, werfen … Dabei trainieren sie nicht nur ihre Arm- und Beinmuskulatur sowie Koordination und Gleichgewichtssinn, sondern lernen den Unterschied zwischen „groß" und „klein" mit dem ganzen Körper kennen.

In einer lustigen **Bewegungsgeschichte** spazieren die Kinder mit dem fröhlichen Zwerg Pünktchen durch den Wald und verbessern ganz nebenbei ihre Koordination, Raumwahrnehmung und das Körpergefühl.

Bei einer **Massagegeschichte** bewegen sich viele Zwerge über den Körper der Kleinen. Dies dient der Entspannung und regt gleichzeitig das Körperempfinden an.

Ich wünsche Ihnen und Ihren Kleinsten viel Spaß im Land der Riesen und Zwerge!

Kleiner Zwerg, komm, spiel mit mir

Melodie: traditionell „Brüderchen, komm, tanz mit mir" **Text:** Eva Danner

1.
Kleiner Zwerg, komm, spiel mit mir.
Meine **Hände** zeig ich dir.
Klatsche laut, klatsche leis,
drehe mich sogar im Kreis.
(in die Hände klatschen)

2.
Kleiner Zwerg, komm, spiel mit mir.
Meine **Füße** zeig ich dir.
Stampfe laut, stampfe leis,
drehe mich sogar im Kreis.
(mit den Füßen stampfen)

3.
Kleiner Zwerg, komm, spiel mit mir.
Meine **Finger** zeig ich dir.
Patsche laut, patsche leis,
drehe mich sogar im Kreis.
(mit den Fingern auf die Beine patschen)

4.
Kleiner Zwerg, komm, spiel mit mir.
Meine **Beine** zeig ich dir.
Hüpfe laut, hüpfe leis,
drehe mich sogar im Kreis.
(auf der Stelle hüpfen)

So geht es:

Führen Sie, dem Text entsprechend, die Bewegungen aus. Möchten Sie das Lied für den Riesen singen, ersetzen Sie einfach „Kleiner Zwerg" durch „Großer Riese" und lassen das „komm" im Text weg. Dieses Bewegungslied können Sie ohne großen Aufwand im Morgenkreis oder einfach zwischendurch nach Lust und Laune durchführen. Der Text ist sehr einprägsam, da sich, bis auf die jeweils genannten Körperteile und die Bewegung dazu, inhaltlich nichts verändert. Singen Sie bei den lauten Bewegungen ruhig etwas lauter.

Klatsche laut, klatsche leis ...

Das Fest der Zwerge und Riesen

Zwergenlauf

Berichten Sie, dass bald das große Zwergenfest mit Musik und Tanz beginnt. Mit diesem kleinen Aufwärmspiel stimmen sich die „Zwerge" auf das „Fest" ein.

Das brauchen Sie:

- eine dicke Bodenmatte, einen CD-Player, schwungvolle (Tanz-)Musik

So geht es:

- Legen Sie eine **dicke Bodenmatte** als Bank in die Mitte des Turnraums. Wenn Sie den **CD-Player** mit **schwungvoller Musik** einschalten, dürfen sich alle Zwerge frei im Raum bewegen. Sobald die Musik stoppt, machen alle eine Pause und ruhen sich auf der Bank aus, bis die Musik erneut spielt.

Kleine, große Festaktionen

Erzählen Sie den Kindern, dass die Riesen bereits alles für das Fest vorbereitet haben, damit es ein voller Erfolg wird.

Zwergenexpress

Die Riesen bringen die Zwerge mit dem Bus zum Festplatz.

Das brauchen Sie:

- zwei Rollbretter, eine Rutsche (alternativ: eine Langbank), Seile

Tipp:
Wenn Sie möchten, können Sie die Rutsche mit Tüchern, Luftballons oder anderen Dingen bunt schmücken.

So geht es:

- Befestigen Sie eine **Rutsche** auf zwei **Rollbrettern,** indem Sie an jedem Ende der Rutsche eines mit Seilen fixieren. Achten Sie darauf, dass die Rollbretter fest mit der Rutsche verbunden sind und nicht wegrutschen können. Dann dürfen die „Zwerge" einsteigen. Nun sind Sie an der Reihe, denn Sie schieben die Kinder als Riese zum „Festplatz" hin. Die Kleinen halten sich gut fest, und schon ist die Fahrt mit dem „Zwergenexpress" in vollem Gange ... Vielleicht schaffen die Kinder es sogar selbst, den „Bus" anzuschieben?

Hurra, los geht die Fahrt!

Das Fest der Zwerge und Riesen

Die Riesen haben bunte Luftballons hoch oben in den Bäumen festgebunden. Damit die Zwerge damit spielen können, müssen sie zuerst auf den Baum hinaufklettern.

Erst die Arbeit, dann das Luftballon-Spielvergnügen.

Luftballons

Das brauchen Sie:

- ein Seil, ein Kletternetz, Luftballons, Wäscheklammern, Matten zur Sicherung

So geht es:

- Knoten Sie ein **Seil** oben an das **Kletternetz,** und befestigen Sie aufgeblasene, bunte **Luftballons** mit handelsüblichen **Wäscheklammern** daran. Den Boden sichern Sie mit Matten ab. Die „Zwerge" klettern am Netz empor und ziehen sich einen Ballon ab, den sie einfach fallen lassen. Dann klettern sie wieder nach unten und dürfen damit spielen.

Ein Zwerg erklimmt den Berg.

Bälle rollen

Das brauchen Sie:

- eine dicke Weichbodenmatte, 2 Kastenoberteile, 2 Körbe, verschieden große und schwere Bälle

So geht es:

- Bauen Sie einen Berg, indem Sie eine dicke **Weichbodenmatte** über zwei nebeneinanderliegende **Kastenoberteile** legen. Auf die eine Seite der Matte stellen Sie einen großen **Korb**, der mit den unterschiedlichsten **Bällen** gefüllt ist. Die Kinder dürfen sich einen Ball aussuchen, erklimmen damit den „Berg" und lassen ihn auf der anderen Seite hinunterrollen. Dann rollen sie sich selbst auch den „Berg" hinunter. In einen leeren, nebenstehenden **Korb**, können sie die Bälle dann wieder hineinlegen.

Die Bälle, welche die Kinder über den „Berg" rollen lassen, eignen sich hervorragend für ein weiteres, lustiges Spiel. Die „Zwerge" dürfen Bälle in den „Schuh" des Riesen werfen.

Ene, mene muh, der Ball muss in den Schuh!

Riesenstiefel

Das brauchen Sie:

- einen Pappkarton, einen Korb, viele unterschiedliche Bälle

So geht es:

- Platzieren Sie einen **großen Pappkarton** in geringem Abstand zum **Bälle-Korb**. Der Karton stellt den Schuh dar. Die Kleinen nehmen sich einen Ball und versuchen, ihn in den Riesenschuh hineinzuwerfen.

Pünktchen und Knolle

Pünktchen, der kleine Zwerg, möchte heute einen Spaziergang in den Wald unternehmen. Doch bevor es losgehen kann, muss er seine Schuhe und seine rote Zwergenmütze anziehen (pantomimisch Schuhe und Mütze anziehen). Dann nimmt er sich noch einen kleinen Eimer mit. Vielleicht findet er im Wald ein paar leckere Beeren, die er mit nach Hause nehmen kann. Die mag er so gerne (einen imaginären Eimer in die Hand nehmen). Der kleine Zwerg spaziert los (laufen). Nach einer Weile erreicht er eine Wiese und bleibt stehen (stehen bleiben). „Oh, wie schön es hier ist! Hier werde ich mich ein wenig ausruhen!", lacht Pünktchen und setzt sich gemütlich ins Gras (hinsetzen). Nach einer kurzen Pause geht es weiter. Der Zwerg hüpft fröhlich durch das Gras und schaut den Schmetterlingen zu (hüpfen). Am Ende der Wiese, zwischen vielen Bäumen, kann er etwas erkennen. Aber er sieht nicht genau, was es ist (mit einer Hand die Augen beschatten). Er stellt sich sogar auf die Zehenspitzen, um besser zu sehen, doch er ist einfach noch zu weit entfernt, um etwas erkennen zu können (auf die Zehenspitzen stellen und strecken). „Was kann das sein?", fragt er sich. Und weil Zwerge nun mal sehr neugierig sind, kann Pünktchen es kaum erwarten, zu sehen, was sich zwischen den Bäumen verbirgt. Schnell rennt er hin (rennen). Als er dort ankommt, muss er erst einmal verschnaufen (stehen bleiben und tief ein- und ausatmen). „Das gibt's ja nicht!", ruft der Zwerg. Überall wachsen die köstlichsten Beeren. An unzähligen Sträuchern findet er Erdbeeren und Heidelbeeren, Brombeeren und Himbeeren. Sofort beginnt er, die leckeren Früchte zu sammeln. Er läuft hierhin und dorthin, streckt sich nach oben und bückt sich nach unten und pflückt so viele, bis sein Eimer voll ist (pantomimisch Beeren pflücken, sich bücken und strecken, um an alle Beeren dranzukommen; von einem zum anderen imaginären Beerenstrauch laufen). „So, mein Eimerchen ist voll. Jetzt werde ich mich auf den Heimweg machen, ehe es dunkel wird!", beschließt der Zwerg und spaziert los (laufen). Auf dem Nachhauseweg trifft er seinen Freund Knolle.

Gleich spazieren die Riesen los ...

Knolle ist ein Riese und riesengroß (auf die Zehenspitzen stellen und Arme nach oben strecken). „Hallo Knolle!", begrüßt Pünktchen ihn. „Guten Tag, Pünktchen", erwidert der Riese. „Schau mal, ich habe neue Schuhe!" Und zum Beweis streckt er dem Zwerg seine riesigen Riesenfüße entgegen (erst einen Fuß anheben, dann den anderen). „Die sind wirklich groß!", bestätigt der Zwerg. „Aber jetzt muss ich leider weiter, es wird bald dunkel!" „Da hast du Recht. Auf Wiedersehen!", verabschiedet sich der Riese von seinem Freund. „Bis bald, Knolle!", ruft Pünktchen und winkt ihm noch einmal zu (winken). Dann marschiert er mit seinem Eimer voller Beeren zufrieden nach Hause (laufen).

Kleine Zwerge, große Entspannung

... lauschen ...	... spüren ...
Heute scheint die Sonne schön, das können alle Zwerge sehn.	*mit der flachen Hand sanft über den Rücken streichen*
Schon kommen viele Zwerglein raus aus ihrem kleinen Zwergenhaus.	*mit den Fingerkuppen langsam über den Rücken tippeln*
Sie rennen flink im Gras herum und fallen dabei nicht mal um.	*mit den Fingerkuppen schnell über den Rücken tippeln*
Alle sind sie froh und munter, rollen schnell den Hügel runter.	*mit dem Unterarm über den Rücken streichen*
Auf einmal fängt's zu regnen an, zuerst nur wenig, aber dann fallen plötzlich viele Tröpfchen auf die kleinen Zwergenköpfchen.	*beide Hände zu Fäusten ballen; zuerst nur langsam dann immer schneller, aber vorsichtig auf den Rücken klopfen*
Und wie kann es anders sein? Alle Zwerge rennen heim.	*mit den Fingerkuppen schnell über den Rücken tippeln*
Warten dann im Zwergenhaus, bis die Sonne kommt heraus.	*mit der flachen Hand sanft über den Rücken streichen*

So geht es:

Das Kind liegt auf einer (Iso-)Matte oder einer Decke entspannt auf dem Bauch. Sprechen Sie den Reim, und führen Sie dazu die entsprechenden Bewegungen auf dem Rücken des Kindes aus. Mit solch einer kleinen Massagegeschichte können die Kleinen entspannen und zur Ruhe kommen. Nahezu alle Kinder genießen diesen Körperkontakt sehr, manch einer ist dabei sogar schon eingeschlafen ...

Ein wenig ausruhen und entspannen – nach bewegtem Zwergenspaß

I, 2, 3 – jetzt folgt Zauberei!

„Hokus, Pokus, 1,2,3 – fliegen sie los, ist's Zauberei!"

Zauberei und Magie sind spannend und geheimnisvoll für Jung und Alt. Man staunt und wundert sich, lässt sich verzaubern und verblüffen. Im Reich der Magie sind Dinge möglich, welche im alltäglichen Leben undenkbar sind. Zaubersprüche, Verwandlungen, Gegenstände verschwinden und wieder erscheinen lassen – all dies ist vorstellbar. Kinder sind begeistert von Zauberkunststücken. Schon die Allerkleinsten haben viel Spaß daran, wenn sie Erstaunliches beobachten können, über das man sich nur noch wundern kann. In diesem Bewegungsprojekt dürfen die Kinder selbst in die Rolle des kleinen Zauberers schlüpfen und spannende Dinge erleben.

Ein Zauberer verwandelt die Kleinen in einem lustigen **Bewegungslied** in allerlei wundersame Tiere. Als verzauberte Hasen, Hunde, Fliegen, Schnecken, Wanzen und Katzen machen die Kinder typische Tierbewegungen nach, stärken dabei ihre Muskeln und Gelenke und verbessern ihre Ausdauer.

Durch spannende **Bewegungsimpulse** erproben sich die Kinder als aktive Zauberlehrlinge und helfen ihrem Zaubermeister bei den Reisevorbereitungen. Zauberstab, Zauberhut, Zaubersaft und Zauberbesen – nichts davon darf natürlich fehlen im Gepäck. Beim Kofferpacken müssen sich die Kleinen ganz schön anstrengen: Sie klettern, balancieren, rollen und tragen, um alle Sachen herbeizuschaffen, und verbessern dabei Körpergefühl, Gleichgewicht und Muskelkraft.

In einer abwechslungsreichen **Bewegungsgeschichte** lassen sich die Kinder von einem Zauberer verwandeln, der nichts als Unsinn im Kopf hat. Plötzlich werden alle Körperteile wie von Zauberhand „lebendig". Das verhilft den Kleinen zu einem intensiven Körperempfinden.

In einem **Ganzkörperspiel** verhext der Zauberer Willibald die Kinder in immer neue Sachen, z. B. in Tiere und Autos. Als solche bewegen sich die Kleinen dann durch den Raum, bis ein neuer Zauberspruch ihnen eine andere Identität verleiht. Das fördert ihre Koordination und ist überdies ganz schön anstrengend …

Wundersame Zauberstunden wünsche ich Ihnen und ihren Magiern mit den Anregungen in diesem Bewegungsprojekt!

Drei Hasen

Melodie: traditionell „Drei Schweine saßen an der Leine“ **Text:** Eva Danner

Zum Einstieg:
Der kleine Zauberer verwandelt die Kinder in allerlei lustige Tiere, die dann tanzen, fliegen oder hüpfen können. Viele weitere Strophen sind möglich. Denken Sie sich einfach welche aus.

1.
Drei Hasen hüpfen übern Rasen, hüpfen übern Rasen, hüpfen übern Rasen.
Drei Hasen, hüpfen übern Rasen
an `nem schönen Sonnentag.
(hüpfen)

2.
Drei Hunde drehen ihre Runde, drehen ihre Runde, drehen ihre Runde.
Drei Hunde drehen ihre Runde
an `nem schönen Sonnentag.
(Vierfüßlergang)

3.
Drei Fliegen sind gar nicht zu kriegen, sind gar nicht zu kriegen, sind gar nicht zu kriegen.
Drei Fliegen sind gar nicht zu kriegen
an `nem schönen Sonnentag.
(Arme ausbreiten und „fliegen“)

4.
Drei Schnecken kriechen hinter Hecken, kriechen hinter Hecken, kriechen hinter Hecken.
Drei Schnecken kriechen hinter Hecken
an `nem schönen Sonnentag.
(auf den Bauch legen und sich vorwärtsziehen)

5.
Drei Wanzen fangen an zu tanzen, fangen an zu tanzen, fangen an zu tanzen.
Drei Wanzen fangen an zu tanzen
an `nem schönen Sonnentag.
(tanzen/sich im Kreis drehen)

6.
Drei Katzen zeigen ihre Tatzen, zeigen ihre Tatzen, zeigen ihre Tatzen.
Drei Katzen zeigen ihre Tatzen
an `nem schönen Sonnentag.
(laufen, Arme bewegen sich wie Tatzen)

Zauberhafte Reisevorbereitungen

Fliegende Zauberer

Das brauchen Sie:

- Luftballons, einen wasserfesten Stift, Krepppapier in verschiedenen Farben, ein Schwungtuch (alternativ: ein Bettlaken

So geht es:

- Basteln Sie aus **Luftballons** kleine Zauberer. Pusten Sie einfach mehrere Ballons auf, und malen Sie mit einem **wasserfesten Stift** ein Gesicht darauf. Als Zauberumhang knoten Sie bunte **Krepppapierstreifen** daran fest. Die Kinder dürfen mithelfen, die Zauberer fliegen zu lassen. Nehmen Sie ein **Schwungtuch**, und breiten Sie dieses aus. Nun halten sich alle ringsherum daran fest und spannen es auf diese Weise. Legen Sie die kleinen Luftballonzauberer auf das Tuch, und der Spaß zum Warmwerden kann beginnen: Durch das Auf- und Abbewegen des Tuches fliegen die Ballons in die Luft, und die Zauberer beginnen, zu fliegen.

Zauberkoffer

Das brauchen Sie für den Gesamtaufbau:

- eine Kiste als Zauberkoffer (alternativ: einen richtigen Koffer), vier Stationen

So geht es:

- Berichten Sie den Kindern, dass der Zauberer verreisen möchte und nun seinen Koffer packt. Er muss allerlei einpacken, ehe die Reise losgehen kann. Legen Sie eine **Kiste,** die als Koffer dient, in die Mitte des Turnraumes. An den folgenden verschiedenen Stationen ringsherum besorgen die kleinen „Zauberlehrlinge" jetzt alles, was der Zauberer auf seine Reise mitnehmen muss. Diese Sachen verstauen sie sodann im „Zauberkoffer".

Damit der Zauberer auch unterwegs zaubern kann, muss er seinen Zauberstab einpacken.

Zauberstab

Das brauchen Sie:

- drei Reifen, drei Reifenständer, einen Korb, bunte Holzstäbe (alternativ: Trinkhalme)

So geht es:

- Befestigen Sie drei **Reifen** in **Reifenständern**, und stellen Sie diese hintereinander auf. Dies ist der Zaubergarten, durch welchen der Zauberer laufen muss, ehe er seinen Koffer erreicht. Stellen Sie neben den ersten Reifen einen **Korb** mit bunten **Holzstäben,** welche die Zauberstäbe symbolisieren. Jeder, der durch den Garten gehen möchte, nimmt sich einen Stab aus dem Korb und bringt ihn zum „Koffer".

Ein Zauberstab fürs Reisegepäck

Zauberhafte Reisevorbereitungen

Zauberhut

Ein richtiger Zauberer verreist natürlich nicht ohne seinen Zauberhut.

Das brauchen Sie:

- eine Langbank, einen Korb, verschiedene Hüte, Matten zum Sichern

So geht es:

- Stellen Sie eine **Langbank** auf, und platzieren Sie auf der einen Seite einen **Korb** mit verschiedenen **Hüten** (z. B. aus der Kinderverkleidungskiste). Wer möchte, zieht sich einen Hut auf und wird auf diese Weise selbst zum kleinen Zauberer. Nun balancieren die Kinder über die Bank und steigen auf der anderen Seite wieder hinunter. Dort ziehen sie den Hut ab und legen ihn in den Koffer hinein.

Ein Zauberlehrling balanciert den Hut.

Zaubersaft

Das brauchen Sie:

- Seile, Bänder (alternativ: Klebeband, um einen Parcours am Boden festzukleben), einen Karton (alternativ: ein Kastenoberteil), einen Rollwagen/ein Rollbrett, eine Kiste, Kegel

So geht es:

- Legen Sie mit **Bändern** einen Parcours zum Koffer hin. Am Anfang steht das „Zauberauto". Befestigen Sie hierzu einen **Karton** auf einem **Rollwagen/Rollbrett,** indem Sie diesen mit **Seilen** daran fixieren. Neben das „Auto" stellen Sie eine **Kiste mit Kegeln**. Diese sind die Zaubersaftflaschen. Die Kinder legen eine Flasche in das „Auto" und schieben es durch den Parcours zum Koffer. Dort nehmen sie den „Saft" heraus, packen ihn in den „Zauberkoffer" und schieben das „Auto" wieder zurück.

Eine Zaubersaftflasche ist im Anrollen.

Zauberbesen

Das brauchen Sie:

- eine Matte, zwei Kästen, eine Kiste, mehrere kleine Kinderbesen

So geht es:

- Klemmen Sie eine **Matte** zwischen **zwei Kästen** ein, sodass sich eine Art Tunnelgang bildet. Dies ist das Zaubertor, durch welches die Kleinen den „fliegenden Besen" bringen müssen. Stellen Sie an den Anfang des Tores eine **Kiste mit kleinen Kinderbesen**. Wer möchte, nimmt sich einen heraus, trägt ihn durch das Tor und legt ihn dann in den Koffer.

Ein toller Zauberbesen ist schon startklar.

Der Zauberer macht Unsinn

So geht es:

- Die Kinder sitzen zunächst im Kreis. Erzählen Sie den Kleinen, dass der Zauberer heute gut gelaunt ist, aber nur Unsinn im Kopf hat. Er hext lauter lustige Sachen, und man kann rein gar nichts dagegen machen.

Dann beginnt die Geschichte:

Der Zauberer, kommt heut vorbei, besucht die Kinderlein, schon klatschen alle in die Hand, wie kann es anders sein? (klatschen)

Er zaubert: „Ene mene mein, alle schlafen ganz schnell ein!" Und schwupps sind alle Kinder eingeschlafen (sich hinlegen und Augen schließen).

Als Nächstes hat er die Idee, alle wackeln mit dem Zeh (aufstehen und mit dem Zeh wackeln; wenn es für die Kleinen einfacher ist, können sie dabei auch sitzen).

Dann sagt er: „Ene mene Mus, jetzt wackelt schon der ganze Fuß!" (Fuß bewegen)

Er kichert leise vor sich hin, hört nicht mehr auf mit dem Unsinn (leise kichern). Plötzlich wackeln von alleine die Arme und sogar die Beine (Arme und Beine bewegen).

Und stampfen dabei ohne Ruh auf und ab, ja immerzu (stampfen). Auf einmal fassen sich zum Spaß die lieben Kinder an die Nas (mit dem Finger die Nasenspitze berühren).

Er ruft dann laut: „Halli, hallo!" Schon wackeln alle mit dem Po (mit dem Po wackeln). Der Kopf bewegt sich hin und her, das gefällt ihm wirklich sehr (Kopf langsam zur einen und zur anderen Seite bewegen).

Er murmelt: „Ene mene, mauch, alle reiben sich den Bauch!" (mit der flachen Hand über den Bauch streichen)

Nun tanzen alle froh im Kreis und kichern vor sich hin, ganz leis (im Kreis drehen und dabei leise kichern).

Dann klatscht er in die Hand (einmal laut klatschen), und bumm – schon fallen alle Kinder um!" (umfallen)

Der Zauberer geht froh nach Haus, und die Kinder ruh'n sich aus (hinsetzen).

Zauberschöner „Unsinn" mit dem ganzen Körper

Hokus, Pokus, dideldum …

Mit dem ganzen Körper spielen …

Sprechvers: Da steht der Zauberer Willibald, er kommt grad aus dem Zauberwald. Er trägt auch einen Zauberhut, und zaubern kann er richtig gut.	*beim Wort „Zauberhut" mit den Händen einen Hut auf dem Kopf darstellen*
„Hokus, Pokus, dideldum – hier watscheln viele Enten rum!"	*watscheln, Arme anwinkeln und auf- und abbewegen; Geräusch: gackern*
Sprechvers … „Hokus, Pokus, dideldum – hier laufen viele Hunde rum!"	*Vierfüßlergang; Geräusch: bellen*
Sprechvers … „Hokus, Pokus, dideldum – hier fliegen viele Vögel rum!"	*Arme ausbreiten und auf- und abbewegen; Geräusch: piepsen*
Sprechvers … „Hokus, Pokus, dideldum – hier stampfen viele Bären rum!"	*Arme formen einen Kreis vor dem Bauch; Geräusch: Bärenbrummen*
Sprechvers … „Hokus, Pokus, dideldum – hier fahren viele Autos rum!"	*Arme bewegen ein imaginäres Lenkrad hin und her; Geräusch: brummen*
Sprechvers … „Hokus, Pokus, dideldum – hier hüpfen viele Frösche rum!"	*hüpfen; Geräusch: quaken*
Sprechvers … „Hokus, Pokus, Fliegendreck – und der Zauberer ist weg!"	*Hände hinter dem Rücken verstecken*

Tipp:

Man kann natürlich noch viele weitere Dinge zaubern und mit den entsprechenden Bewegungen kombinieren. Der Fantasie sind keine Grenzen gesetzt.

Der Osterhase kommt

Kinder lieben die Osterzeit. Der Frühling hält Einzug, die ersten Blumen blühen im Garten, und die Sonne schickt ihre wärmenden Strahlen zur Erde. Wenn am Ostermorgen die bunten Eier im Gras versteckt sind, gibt es kein Halten mehr. Die Kleinen haben großen Spaß bei der Ostereiersuche. Geschichten vom lieben Hasen, der die Eier mit Farbe und Pinsel bunt bemalt, um sie anschließend in den Körbchen zu verstecken, mögen nahezu alle Kinder gerne. In diesem Projekt dürfen die Kleinen selbst in die Rolle des freundlichen Hoppelhasen schlüpfen und Eier verstecken. Vielfältige Bewegungsimpulse rund um die Osterzeit bieten die folgenden Seiten.

In einem lustigen **Bewegungslied** erfahren die Kinder, welche Aufgabe der Osterhase an diesem Fest zu meistern hat. Dabei werden sie selbst zum Hasen, hüpfen umher und verstecken die Eier. Das verbessert zum einen ihre Kondition, zum anderen festigt es aber auch ihr Wissen um diesen liebevollen Osterbrauch.

Durch abwechslungsreiche **Bewegungsimpulse** helfen die Kleinen dem Osterhasen bei seinen Vorbereitungen. Eier besorgen, bemalen und verstecken – das ist ganz schön anstrengend. Da wird gekrabbelt, geklettert, gehüpft … Selbstverständlich macht das den Kindern nicht nur eine Menge Spaß, sondern stärkt ganz nebenbei auch ihre Muskelkraft und ihr Körpergefühl.

In einer kurzen **Bewegungsgeschichte** begleiten die Kleinen den Osterhasen einen Tag vor dem großen Osterfest und verbessern dabei ihre Raumerfahrung und ihre Kondition.

Fleißige Osterhasen

Ein einfaches **Bewegungsspiel** für drinnen und draußen fördert die Ausdauer, Koordination und gibt überdies Anreize zur visuellen Wahrnehmungsförderung.

Und nun wünsche ich Ihnen und Ihren fleißigen Osterhasen-Helfern viel Spaß beim Eiersuchen und Verstecken!

Hüpft das Häslein am Morgen

Melodie: traditionell „Kommt ein Vogel geflogen" **Text:** Eva Danner

1.
Hüpft das Häslein am Morgen,
hüpft es hoch, und hüpft es weit.
Will die Kinder besuchen,
denn das Osterfest ist heut.
(Teilen Sie kleine Eimer an die Kinder aus, dann hüpfen alle im Kreis, während sie die erste Strophe singen.)

2.
Muss die Eier verstecken
zwischen Blumen und dem Gras.
Zwischen Bäumen und Sträuchern,
denn das macht ihm großen Spaß.
(Die Kinder holen pantomimisch die Eier aus ihrem Eimer und verstecken sie.)

3.
Und das Häslein hüpft weiter
durch den Garten hinterm Haus.
Hüpft nun ganz schnell nach Hause,
und das Lied, das ist nun aus.
(Die Kinder hüpfen wieder im Kreis herum.)

Eierlauf

Erzählen Sie den Kindern, dass der Osterhase in der Zeit vor Ostern schrecklich viel zu tun hat. Er muss die Eier bei den Hühnern holen und sie dann bunt anmalen. Die Kleinen schlüpfen nun selbst in die Rolle des Hasen und helfen ihm bei den Vorbereitungen.

Das brauchen Sie:

- einen Korb (alternativ: einen Reifen), Plastik-Eier (alternativ: Tischtennisbälle), kleine Eimer (alternativ: Jogurtbecher mit Henkel oder kleine Sandspieleimer), eine Handtrommel/ein Tamburin

So geht es:

- Legen Sie in die Mitte des Turnraumes einen **Korb,** der als Hühnerstall dient, und verteilen Sie darin viele **Plastik-Eier.** Teilen Sie an die Kinder kleine **Eimer** aus. Und schon geht es los: Schlagen Sie die **Handtrommel**, dürfen sich alle Hasen frei im Raum bewegen. Verstummt die Trommel: rufen Sie: „Alle Hasen holen sich ein Ei!" Jedes Kind nimmt sich nun ein Ei aus dem Korb heraus und legt es in seinen Eimer. Ertönt die Trommel wieder, spazieren die „Osterhäschen" erneut durch den Raum. Dieses Aufwärmspiel ist vorbei, wenn keine Eier mehr im „Hühnerstall" sind.

Osterzeit

Das brauchen Sie für den Gesamtaufbau:

- einen Korb, vier Stationen

Erzählen Sie den Kleinen, dass der Osterhase viel Arbeit hat, bis er die Ostereier im Garten der Kinder verstecken kann. Ein **Korb** auf dem Boden in der Mitte des Turnraumes stellt die Hasenhöhle dar. Dorthin müssen die Kinder alle Materialien bringen, welche Sie an den folgenden verschiedenen Stationen arrangiert haben.

Zuerst braucht der Osterhase Eier. Deshalb muss er zum Hühnerstall laufen, um dort die vielen Eier zu besorgen.

Eier besorgen

Das brauchen Sie:

- einen Kriechtunnel, ein Bällehaus, Plastik-Eier (alternativ: Tischtennisbälle)

So geht es:

- Befestigen Sie einen **Kriechtunnel** an einem kleinen **Bällehaus**. Dies ist der Hühnerstall. Legen Sie in den „Stall" mehrere **Plastik-Eier** hinein. Die Kinder kriechen durch den Tunnel in das Bällehaus, nehmen sich ein Ei und krabbeln wieder zurück. Das Ei bringen sie dann zur „Hasenhöhle" und legen es hinein.

Ein frisches Hühnerei fürs Osterfest

Ostervorbereitungen

Pinsel

Damit der Osterhase die Eier auch schön bemalen kann, braucht er verschiedene Pinsel und Farben.

Das brauchen Sie:

- Reifenständer, Gymnastikstäbe, einen Korb, Pinsel (alternativ: kleine Holzstäbe), eventuell grüne Tücher

So geht es:

- Für die Tannen stellen Sie mehrere **Reifenständer** hintereinander auf und stecken jeweils einen **Gymnastikstab** hinein. Platzieren Sie neben der ersten „Tanne" einen **Korb,** welcher mit **Pinseln** gefüllt ist. Die Kinder nehmen sich einen Pinsel heraus, hüpfen um die Reifenständer herum und legen ihn in die „Hasenhöhle".

Der Hase bringt Pinsel zum Eier-Bemalen.

Farbenzauber

Das brauchen Sie:

- bunte Chiffontücher, ein Kletternetz, Matten zum Sichern

So geht es:

- Hängen Sie bunte **Tücher** locker oben an das **Kletternetz**, welche die Farben darstellen sollen. Die „Häschen" klettern nun am Netz nach oben und ziehen sich ein Tuch ab. Dann klettern sie wieder hinunter und bringen es in die „Hasenhöhle".

Bunte Farben für die Ostereier

Eier verstecken

Nachdem der Osterhase alle Eier schön gefärbt hat, muss er sie noch verstecken.

Das brauchen Sie:

- eine Leiter, zwei Kastenoberteile, Matten, einen Korb, bunte Bälle, Gummiringe

So geht es:

- Legen Sie eine **Leiter** auf zwei **Kastenoberteile** (= Gartenzaun) auf, sodass diese nicht verrutschen können. Vor das erste Kastenoberteil stellen Sie einen **Korb**, der mit bunten **Bällen** (Ostereier) gefüllt ist. Hinter das zweite Kastenteil legen Sie eine Matte als Wiese. Dort platzieren Sie kleine **Gummiringe** als Osterkörbchen. Die Kinder nehmen sich nun jeweils ein „Ei" aus dem Korb, steigen über die einzelnen Sprossen des „Gartenzauns" auf die andere Seite und legen ihr „Osterei" in ein Körbchen.

Die Hasen verstecken die Eier im Garten.

Der kleine Hase und das Osterfest

Es ist der Morgen vor Ostern. Der kleine Hase liegt noch in seinem Bett und schläft (hinlegen, Augen schließen). Da kommt seine Mama ins Zimmer und ruft: „Los, los! Aufstehen, kleiner Hase. Das Osterfest ist bald, und wir haben noch eine ganze Menge Arbeit." Allmählich wird klein Häschen wach, gähnt und streckt die Arme und Beine aus (gähnen, Arme und Beine strecken). „Hallo Mama!", antwortet er noch ein bisschen verschlafen und krabbelt aus dem Bett heraus (aufstehen). Mama Hase schüttelt in der Zwischenzeit Bettdecke und Kuschelkissen fest aus (Arme führen Schüttelbewegungen aus). Als sich der kleine Hase angezogen hat, ist er damit beschäftigt, viele Eier zusammenzusuchen. Mit einem großen Korb im Arm sammelt er unzählige Eier ein (pantomimisch einen Korb halten, sich immer wieder bücken und imaginäre Eier in den Korb legen). Als er alle beisammen hat, setzt er sich gemütlich ins Gras und beginnt, jedes einzelne Ei bunt anzumalen (hinsetzen, Eier pantomimisch bemalen). Es dauert den ganzen Tag. Aber als der Mond am Himmel steht und viele Sterne funkeln, ist es geschafft: Die Eier sind alle angemalt. „Puuuhhh, geschafft!", schnauft der kleine Hase. Er verstaut alle Ostereier in einem großen Rucksack, den er sich auf den Rücken schnallt (pantomimisch Rucksack auf den Rücken schnallen). Dann hüpft er los (hüpfen). Er ist die ganze Nacht mit dem Verteilen der Eier beschäftigt. Hüpft von Haus zu Haus und legt sie den Kindern in die Körbchen (hüpfen, stehen bleiben, bücken und Ei ablegen, weiterhüpfen …). Als er auch das letzte Ei versteckt hat, macht sich der Hase auf den Nachhauseweg. Er hüpft nur noch ganz langsam, denn er ist schrecklich müde. Schließlich war es viel Arbeit, die ganzen Eier zu verteilen (langsam hüpfen). Als er daheim ankommt, wartet Mama Hase bereits auf ihn. „Das hast du gut gemacht!", lobt sie ihn und gibt ihm ein Küsschen auf die Nase (Kuss in die Luft). „Jetzt schnell ins Bett!", sagt die Hasenmama. „Du bist sicher furchtbar müde!" Der kleine Hase nickt und legt sich ins Bett (hinlegen). Seine Mama deckt ihn liebevoll zu und schleicht aus dem Zimmer (pantomimisch zudecken, mit den Händen leise auf die Oberschenkel patschen = schleichen). Der kleine Hase aber ist schon eingeschlafen. Und vielleicht träumt er von den vielen Kindern, die im Garten ihre Ostereier suchen und sich daran freuen (Augen schließen, schnarchen).

Noch liegt der Hase müde in seinem Bettchen …

Ostereier suchen

Das brauchen Sie:

- drei verschiedenfarbige Körbchen (alternativ: Kartons, bemalt in verschiedenen Farben), Plastik-Eier (alternativ: kleine Bälle)

So geht es:

➤ Stellen Sie **drei Osterkörbchen** in die Zimmermitte. Verteilen Sie **Plastik-Eier** in den entsprechenden Körbchenfarben im Raum: Oben auf den Schränken, tief unten in den Regalen, zwischen Kissen, unter Stühlen, wo auch immer Sie geeignete Verstecke finden. Die Kinder dürfen nun auf „Ostereiersuche" gehen. Um die „Eier" aus allen Verstecken zu „fischen", müssen sich die Kleinen schon ein bisschen anstrengen: Sie strecken sich, um an die „Eier" weit oben heranzukommen. Oder sie beugen sich tief nach unten, um auch die aus dem untersten Regalfach zu erwischen … Die entdeckten „Eier" sortieren sie in das jeweils farbig passende Körbchen ein. Das Bewegungsspiel ist vorbei, wenn alle „Eier" gefunden und die Körbe gefüllt sind.

Tipp:

Dieses einfache Bewegungsspiel können Sie, je nach Wunsch, sowohl im Gruppenraum als auch im Turnraum oder Garten spielen. Für weniger Bewegung, einfach so zwischendurch, eignet sich Ihr Gruppenzimmer hervorragend. Sollen sich die Kinder ausdauernder und mit weiteren Laufwegen bewegen können, eignen sich der Turnraum oder der Garten gut.

Gut zu wissen:

Neben den vielfältigen Bewegungsanreizen, die dieses Spiel bietet, fördert es auch die visuelle Wahrnehmung der Kleinen: Die Kinder müssen zunächst ganz genau hinsehen, um auch wirklich alle Eier in ihren Verstecken zu entdecken. Und dann sortieren Sie diese noch in das farbig passende Körbchen ein. Farben erkennen, zuordnen und sortieren – das ist schon eine kleine Herausforderung und – eine erste mathematische Grunderfahrung.

Bei uns im Dschungel ist was los!

Ein Tiger schleicht durch den Urwald – oder ist es doch ein Leopard?

Kinder lieben Tiere, auch exotische wie Affen, Krokodile oder Löwen. Ob in Bilderbüchern, Geschichten oder bei einem Ausflug in den Zoo, die Kleinen interessieren sich für Tiere aller Art. Im folgenden Kapitel beschäftigen wir uns mit allerlei unterschiedlichen Dschungelbewohnern. Die Kleinen erfahren deren individuelle Fortbewegungsarten und können sich selbst als exotische Tiere erproben. Klettern wie die Affen, rennen wie die Leoparden oder fliegen wie die gefiederten, bunten Papageien – all dies wird den Kleinsten viel Freude bereiten.

Ein lustiges **Bewegungslied** berichtet von den vielen großen und kleinen Tieren, die im Dschungel leben, und lädt zum Mitsingen und Mitbewegen ein. Die Kleinen erproben vielfältige Fortbewegungsarten und verbessern dabei ihre Koordination und ihr Körpergefühl.

Durch verschiedene **Bewegungsimpulse** werden die Kinder selbst zu exotischen Dschungelbewohnern und lernen ihre typischen Eigenschaften, Verhaltensweisen und ihre unterschiedlichen Fortbewegungsarten kennen. Sie klettern wie die Affen, überqueren als Schlangen einen reißenden Fluss, fliegen als bunte Papageien durch die Luft oder schnappen als Giraffen Blätter von einem hohen Baum. – Dabei wird ihre Arm- und Beinmuskulatur gestärkt.

In einer kurzen **Bewegungsgeschichte** begeben sich die Kleinen auf eine spannende Dschungel-Safari und verbessern dabei ihre Ausdauer.

Ein fröhliches **Bewegungsspiel** erzählt vom Leben der Affen und fördert ganz nebenbei die Raumerfahrung und die Koordination.

Ich wünsche Ihnen viel Spaß auf Ihrer ganz persönlichen Dschungel-Safari mit den Kindern!

Durch den Dschungel

Melodie: traditionell „Auf der Mauer, auf der Lauer" **Text:** Eva Danner

1.
Durch den Dschungel, durch den Dschungel **stampfen** viele Tiere. Durch den Dschungel, durch den Dschungel stampfen Elefanten. Seht den **Elefanten** an, wie er prima stampfen kann. Durch den Dschungel, durch den Dschungel stampft ein Elefant.
(stampfend umherlaufen)

2.
Durch den Dschungel, durch den Dschungel **rennen** viele Tiere. Durch den Dschungel, durch den Dschungel rennen Leoparden. Seht den **Leoparden** an, wie er prima rennen kann. Durch den Dschungel, durch den Dschungel rennt ein Leopard.
(rennen oder schnell laufen)

3.
Durch den Dschungel, durch den Dschungel **fliegen** viele Tiere. Durch den Dschungel, durch den Dschungel fliegen Papageien. Seht den **Papageien** an, wie er prima fliegen kann. Durch den Dschungel, durch den Dschungel fliegt ein Papagei.
(Arme ausstrecken und auf- und abbewegen)

4.
Durch den Dschungel, durch den Dschungel **schleichen** viele Tiere. Durch den Dschungel, durch den Dschungel schleichen leise Tiger. Seht euch mal den **Tiger** an, wie er prima schleichen kann. Durch den Dschungel, durch den Dschungel schleicht ein Tiger leis.
(auf allen vieren schleichen)

5.
Durch den Dschungel, durch den Dschungel **kriechen** viele Tiere. Durch den Dschungel, durch den Dschungel kriechen leise Schlangen. Seht euch mal die **Schlange** an, wie sie prima kriechen kann. Durch den Dschungel, durch den Dschungel kriecht 'ne Schlange leis.
(sich auf dem Boden liegend vorwärts bewegen)

Tierrennen

Heute sind alle zu Besuch im Dschungel. Dort gibt es viele verschiedene Tiere: große, schwere und langsame, aber auch kleine, flinke. Es leben auch Tiere dort, die keine Beine haben, und wiederum andere, die fliegen können.

Das brauchen Sie:

- eine Handtrommel/ein Tamburin

So geht es:

- Solange Sie die **Trommel** schlagen, dürfen sich alle frei im Raum bewegen. Verstummt sie, rufen Sie: „Alle Kinder sind jetzt …!“, wählen ein Tier aus und machen dessen Bewegung vor. Nun bewegen sich die Kleinen ebenso vorwärts, bis die Trommel erneut ertönt. Dann beginnt die nächste Runde dieses Aufwärmspiels.

Mögliche Urwaldtiere könnten folgende sein:

- Giraffen (sich groß machen)
- Nilpferde (Vierfüßlergang)
- Papageien (Flugbewegung mit den Armen machen)
- Schlangen (auf dem Bauch kriechen)
- Affen (hüpfen)

Für Mutige:
Man kann sogar eine Riesenschlange durch den Turnraum kriechen lassen, indem sich alle an den Händen fassen und als lange Schlange umherlaufen.

Dschungel-Safari

Die Kinder dürfen sich nun als unterschiedliche Urwaldtiere erproben.

Schlangen

Das brauchen Sie:

- eine Langbank, Matten

So geht es:

- Stellen Sie eine **Langbank** auf, und legen Sie blaue **Matten** darunter. Diese stellen das Wasser dar und dienen gleichzeitig als Fallschutz. Die Bank symbolisiert einen Baumstamm, der über den Fluss ragt. Als Schlangen legen sich die Kleinen nun mit dem Bauch auf die Bank und ziehen sich mit den Händen auf die andere „Flussseite“.

Eine Schlange überquert den Fluss.

Dschungel-Treiben

Affen

Das brauchen Sie:

- eine Isomatte, Seile, eine Kletterstange, eine Kiste, eine Leiter, einen Korb, Nüsse, Matten zum Sichern

So geht es:

➤ Befestigen Sie eine zusammengerollte **Isomatte** mit **Seilen** oben an einer **Kletterstange,** und stellen Sie eine **Kiste** auf den Boden unter die Isomatte. Hängen Sie eine **Leiter** (= Baumstamm) neben die Isomatte an der **Kletterstange** ein, und sichern Sie alles mit Material ab. Knoten Sie ein **Seil** an einen **Korb,** und füllen Sie diesen mit **Nüssen** (= Kokosnüsse). Den Korb lassen Sie dann vom Klettergerüst herunterhängen. Die „Affen" klettern den Baumstamm empor, nehmen eine Nuss und lassen sie durch die Isomatte fallen. Die Nuss kullert in die Kiste. Die Kinder klettern die Leiter wieder nach unten, und der nächste „Affe" ist an der Reihe.

Wo ist die Kokosnuss, wo ist die Kokosnuss …?

Papageien

Das brauchen Sie:

- einen Kasten, ein Trampolin, eine dicke Weichbodenmatte

Tipp:
Bieten Sie den Kleinen bunte Tücher als Flügel an.

So geht es:

➤ Bauen Sie einen **Kasten** auf, der den Baum darstellt, und stellen Sie ein **Trampolin** davor. Legen Sie auf die andere Kastenseite eine **Weichbodenmatte** als Urwaldboden. Die „Papageien" springen nun leichtfüßig vom Trampolin auf den „Baum", indem sie auf den Kasten steigen. Von dort beginnt der „Flug".

Startklar für den Papageien-Flug

Giraffen

Das brauchen Sie

- einen Reifen, Seile, ein Klettergerüst, grüne Chiffontücher (oder grüne Krepppapierbänder), eine Sprossenwand, einen Korb, Matten zum Sichern

So geht es:

➤ Befestigen Sie einen **Reifen** mit **Seilen** oben am **Klettergerüst,** und hängen Sie **grüne Chiffontücher** als Blätter locker über den Reifen. Nun klettern die Kinder an der **Sprossenwand** nach oben und ziehen sich ein Tuch ab, welches sie auf den Boden fallen lassen. Dann steigen sie die Sprossen wieder herunter, nehmen das „Blatt" und legen es in einen **Korb** neben der Sprossenwand.

Die kleine Giraffe holt das letzte Blatt vom Baum.

Ein neuer Tag im Dschungel

Im Dschungel beginnt gerade ein neuer Tag, und die Tiere wachen langsam auf (sich recken und strecken/ Arme ausstrecken, gähnen). Die Giraffe streckt ihren langen Hals hoch in die Luft und spaziert fröhlich durch das Gras (auf Zehenspitzen laufen, Arme nach oben strecken). Der bunte Papagei breitet seine Flügel aus und fliegt zum Himmel hinauf (Arme ausstrecken und auf- und abbewegen). Plötzlich hört man ein lautes „Töröööööööööööööö". Der Elefant muss gerade aufgewacht sein. Mit seinen dicken Beinen stampft er durch den Urwald (laut stampfend herumlaufen), und ab und zu erklingt ein fröhliches „Töröööööö". Auf dem Boden sieht man eine Schlange herumkriechen (auf den Bauch legen und kriechen). Sie zischt leise und man kann dabei ihre Zunge sehen (Zunge herausstrecken/zischen). Überall an den Bäumen turnen Affen herum. Geschickt klettern sie in den Ästen und schaukeln hin und her (Kletterbewegungen mit Armen und Beinen ausführen). Manche liegen aber auch einfach gemütlich im Gras und lassen sich die Sonne auf den Bauch scheinen (auf den Rücken legen). Im Fluss sind Krokodile zu sehen. Sie machen ihr Maul weit auf und wieder zu (Arme auseinander- und wieder zusammenführen), und man kann dabei ihre spitzen Zähne sehen. Die Löwen sind bereits fit und munter. Sie rennen gut gelaunt durch den Dschungel (rennen) und haben viel Spaß dabei. Auch die Leoparden und die Tiger flitzen, so schnell sie können, zwischen den vielen Bäumen herum (rennen). Beinahe sieht es so aus, als ob sie Fangen spielen würden. Ein Nilpferd spaziert langsam zum Fluss hin, wo es sich ein wenig abkühlen möchte (sich auf allen Vieren vorwärts bewegen). Es hat keine Eile, der Tag ist noch lang. Ja, im Dschungel ist immer eine Menge los. Erst wenn es Abend wird, kehrt allmählich etwas Ruhe ein. Denn dann schlafen die meisten Tiere (sich hinlegen und die Augen schließen). So lange, bis wieder ein neuer Tag beginnt …

Fröhliche Giraffen strecken ihre Hälse.

Die Affenbande

Mit dem ganzen Körper spielen …

Die Affen laufen heut durchs Gras und haben dabei großen Spaß.	*im Raum umherlaufen*
Alle sind sie froh und munter, klettern die Bäume rauf und runter.	*mit Armen und Beinen pantomimisch klettern*
Sie rennen fröhlich wild umher, denn rennen, das ist gar nicht schwer.	*schnell laufen/rennen*
Nun hüpft herum, das ist ja klar, voll Freud die ganze Affenschar.	*mit beiden Beinen herumhüpfen*
Auch klatschen sie noch in die Hand so laut, man hört's im ganzen Land.	*klatschen*
Jetzt strecken sie sich hoch hinauf und bücken sich dann gleich darauf.	*auf Zehenspitzen stellen, Arme weit nach oben strecken; sich ducken und klein machen*
Doch abends woll'n sie ihre Ruh und machen schnell die Augen zu.	*sich hinlegen und die Augen schließen*

Kleine Affen strecken sich ganz groß.

Gut zu wissen:

Dieses Bewegungsspiel braucht nicht unbedingt viel Platz und könnte daher auch im Gruppenraum durchgeführt werden. Schieben Sie einfach die Tische und Stühle etwas zur Seite, und schon kann die Affenbande durchs Zimmer turnen.

Der Zirkus kommt!

Ein Akrobat schwingt durch die Luft.

Alle Kinder mögen es, wenn der Zirkus in der Stadt ist. Die einzigartige Vielfalt von Tieren, Akrobaten, Clowns und anderen Künstlern begeistert Jung und Alt. Mit Freude schauen alle den Kunststücken zu, welche der Dompteur den Löwen und Tigern beigebracht hat. Fasziniert bestaunt man die Seiltänzerinnen oder anderen Akrobaten, welche durch die Luft schwingen oder mit allerlei Dingen jonglieren. Und erst die lustigen Clowns, die immer über die eignen Füße stolpern und spaßige Sachen machen. Ein Besuch im Zirkus wird immer zu einem ganz besonderen Erlebnis.

In diesem Kapitel holen Sie sich den Zirkus in Ihre Einrichtung. Die Kinder können nun selbst zu Zirkuskünstlern werden.

Bei einem fröhlichen **Bewegungslied** werden alle körperlich aktiv und bewegen sich zur Musik. Mit jeder Strophe schlüpfen die Kleinen in eine neue Rolle. So lernen sie verschiedene Akteure der Zirkuswelt kennen und fördern gleichzeitig ihre Ausdauer.

Durch verschiedene **Bewegungsimpulse** werden die Kinder zu Zirkustieren. Als Löwen springen sie durch brennende Feuerreifen. Als Krokodile überwinden sie Hindernisse, als Tiger klettern sie auf einen Podest. Das fordert ihre Arm- und Beinmuskulatur und stärkt Muskeln und Gelenke

In einer lustigen **Bewegungsgeschichte** nehmen die Kleinen hautnah an einer Zirkusvorstellung teil und fühlen sich so, als seien sie selbst im Zirkuszelt. Indem sie die Geschichte pantomimisch mit raumgreifenden Gesten begleiten, schulen sie ihre Koordination und Raumwahrnehmung.

Bei einem **Ganzkörperspiel** lernen die Kinder Beppo, den lustigen Clown, kennen. Sie erfahren, wie dieser sich bewegt, und machen seine Bewegungen nach. Dabei verbessern sie ihre Koordination.

Ich wünsche Ihnen und ihren kleinen Artisten viel Spaß bei Ihrer ganz individuellen Vorstellung!

Bei uns im Zirkus

Melodie: traditionell „Die Affen rasen durch den Wald“ **Text:** Eva Danner

1.
Bei uns im Zirkus ist was los.
Was machen denn die **Clowns** heut bloß?
Sie springen alle froh herum.
I: Sie **springen** froh herum,
sie springen froh herum,
sie springen alle froh herum. :I
(springen/rennen/laufen)

2.
Bei uns im Zirkus ist was los.
Was machen denn die **Affen** bloß?
Sie hüpfen alle froh herum.
I: Sie **hüpfen** froh herum,
sie hüpfen froh herum.
sie hüpfen alle froh herum. :I
(hüpfen)

3.
Bei uns im Zirkus ist was los.
Was machen denn die **Pferdchen** bloß?
Sie rennen alle froh herum.
I: Sie **rennen** froh herum,
sie rennen froh herum,
sie rennen alle froh herum. :I
(rennen)

4.
Bei uns im Zirkus ist was los.
Was machen denn die **Tänzer** bloß?
Sie tanzen alle froh herum.
I: Sie **tanzen** froh herum,
sie tanzen froh herum,
sie tanzen alle froh herum. :I
(tanzen)

5.
Bei uns im Zirkus ist was los.
Was macht der **Elefant** denn bloß?
Er stampft ganz laut bei uns herum.
I: Er **stampft** ganz laut herum,
er stampft ganz laut herum,
er stampft ganz laut bei uns herum. :I
(stampfen)

Kleine Zirkusvorstellung

Zirkusmusik

Erzählen Sie den Kindern, dass sie heute zu Besuch im Zirkus sind. Neben vielen Künstlern, lustigen Clowns und wilden Tieren spielt dort oft auch eine Musikkapelle. Heute dürfen die Kleinen selbst musizieren.

Das brauchen Sie:

- Reifen, verschiedene Musikinstrumente (Rassel, Glockenspiel ...), eine Trommel/ein Tamburin

Tipp:
Die „Zirkusmusik" eignet sich nicht nur zum Aufwärmen, sondern auch als musikalisches Spiel zum Ende der Bewegungsstunde.

So geht es:

- Verteilen Sie so viele **Reifen** auf dem Boden, wie Kinder mitspielen. In jeden Reifen legen Sie ein **Musikinstrument**. Während Sie die Trommel schlagen, dürfen sich alle Kinder frei im Raum bewegen. Verstummt die **Trommel**, rufen Sie: „Die Musik erklingt!" Nun setzt sich jedes Kind in einen Reifen und darf so lange mit dem Instrument spielen, bis die Trommel erneut ertönt und alle wieder durch das Zimmer laufen.

Zirkusvorstellung

Berichten Sie den Kindern, dass schon bald eine Vorstellung im Zirkus beginnt. Löwen, Tiger, Krokodile und viele andere Tiere werden gleich die Manege betreten und tolle Kunststücke präsentieren.

So geht es:

- Ordnen Sie die folgenden Stationen kreisförmig an, sodass der Eindruck einer runden Manege entsteht. Die Kinder können nun die einzelnen Stationen in unterschiedlicher Reihenfolge ausprobieren und werden dabei selbst zu Zirkustieren.

Rutsche

Zirkustiere lieben es, zu klettern und zu rutschen. Hochsteigen und auf der anderen Seite wieder hinuntersausen macht großen Spaß.

Das brauchen Sie:

- eine Leiter, eine Rutsche, ein Klettergerüst, Matten zum Sichern

So geht es:

- Hängen Sie eine **Leiter** und eine **Rutsche** in das **Klettergerüst** ein, und sichern Sie alles mit **Matten** ab. Die Kleinen klettern auf der Leiter nach oben und können auf der anderen Seite wieder nach unten rutschen.

Gleich geht es in Windeseile hinunter.

Kleine Zirkusvorstellung

Feuerreifen

Das brauchen Sie:

❖ drei Reifen, drei Reifenständer, gelbe und orangene Tücher (alternativ: Krepppapierstreifen); evtl. etwas Klebeband

Tipp:
Sollten die Reifen nicht stabil in den Ständern stehen, fixieren Sie sie einfach mit etwas **Klebeband**.

So geht es:

➤ Stellen Sie die **Reifen** in die **Reifenständer** hinein, und platzieren Sie sie hintereinander. Knoten Sie die **Tücher** als Flammen an die Reifen. Die mutigen „Löwen" springen nun durch die Feuerreifen hindurch, die vorsichtigeren können hindurchkriechen.

Mutige Löwen steigen durch die brennenden Reifen.

Brücke

Das brauchen Sie:

❖ eine Holzwippe, vier Gummimatten

So geht es:

➤ Stellen Sie eine **Holzwippe** verkehrt herum auf, und schon entsteht eine kleine Brücke, über die die „Krokodile" krabbeln können. Legen Sie **Gummimatten** unter, welche das Wegrutschen der Wippe verhindern.

Ein Krokodil überquert die Brücke.

Podeste

Das brauchen Sie:

❖ zwei unterschiedlich hohe Kästen, eine Weichbodenmatte

So geht es:

➤ Stellen Sie das niedrige **Kastenteil** vor das höhere. Dahinter legen Sie die **Weichbodenmatte**. Als Tiger steigen die Kleinen auf den ersten Kasten, dann auf den zweiten und springen auf die weiche Matte.

Tiger klettern auf Podeste.

Tunnelgang

Das brauchen Sie:

❖ eine Matte, drei Reifen

So geht es:

➤ Wenn die Vorstellung beendet ist, spazieren die Tiere wieder aus der Manege heraus. Klemmen Sie eine **Matte** in **drei Reifen**, sodass eine Art Tunnel entsteht, durch welchen die Tiere den Zirkus verlassen können.

Im Zirkus Fliegenpilz!

Der Zirkus ist in der Stadt. Viele Leute sind gekommen, als der Vorhang aufgeht (Arme ausbreiten). Ein Mann mit einem großen Hut kommt auf die Bühne gelaufen (mit Händen auf Oberschenkel patschen). „Herzlich willkommen im Zirkus Fliegenpilz!", begrüßt er die Zuschauer und zieht seinen Hut vom Kopf (pantomimisch Hut abziehen und wieder aufziehen). „Sie werden heute viele tolle Dinge bei uns sehen, und ich wünsche Ihnen viel Spaß dabei!" (tiefe Verbeugung). Dann verlässt er die Bühne wieder (mit Händen auf Oberschenkel patschen). Nun kommt eine Frau mit einem Schirm heraus. Sie spannt den Schirm auf und balanciert damit über ein Seil, das über die Bühne gespannt ist (pantomimisch einen Schirm halten und balancieren, indem ein Fuß vorsichtig vor den anderen gesetzt wird). Die Leute sind begeistert und klatschen laut Beifall (klatschen). Und schon geht es weiter. Ein Clown mit einer roten Nase und viel zu großen Schuhen kommt herein (stampfen). „Ihr lieben Leute, schaut mich an, wie schön ich heute gucken kann!", ruft er und schneidet eine fürchterlich komische Grimasse (Grimasse schneiden). Sofort lachen alle (lachen) und reißen ihre Arme in die Luft vor lauter Begeisterung (Arme nach oben strecken). Aber der Clown zeigt noch mehr: Er krabbelt auf allen vieren und bellt dabei wie ein Hund (Vierfüßlergang/bellen). Als er wieder aufstehen will, stolpert er über seine Füße und purzelt auf die Nase (hinfallen). Da springen die Leute von ihren Plätzen auf (in die Luft springen) und sind vor lauter Lachen nicht mehr zu halten (sich den Bauch halten und lachen). Sie klatschen in die Hände und rufen: „Bravo! Bravo!" (klatschen). Als der Clown die Bühne wieder verlassen hat, öffnet sich der Vorhang von Neuem, und heraus kommen ein Mann und drei Tiger (stampfen). Der Mann hält eine Peitsche in der Hand, schwingt sie durch die Luft und ruft: „Alle hopp!" (mit der Hand die Peitsche schwingen). Sofort stellen sich die Tiger auf die Hinterbeine und strecken die Vorderpfoten in die Luft (Arme anwinkeln). Die Leute sind von den vielen Kunststücken begeistert. Irgendwann betritt der Mann mit dem großen Hut wieder die Bühne (mit den Händen auf Oberschenkel patschen). „Ich hoffe, unsere Vorstellung hat Ihnen gefallen. Für heute muss ich mich nun leider von Ihnen verabschieden. Aber vielleicht kommen Sie uns ja bald wieder besuchen im Zirkus Fliegenpilz!" Und dabei verbeugt er sich (verbeugen). Die Zuschauer stehen auf und klatschen (klatschen). Der Mann winkt ihnen zum Abschied zu, dann verlässt er die Bühne (winken). Alle gehen glücklich und zufrieden nach Hause (laufen). Und bestimmt kommen sie beim nächsten Mal wieder, wenn es heißt: „Herzlich willkommen im Zirkus Fliegenpilz!"

Der Vorhang geht auf!

Ein Clown schneidet eine Grimasse.

Beppo, der Clown

Mit dem ganzen Körper spielen …

Jetzt ist es soweit, der Zirkus fängt an, der Clown kommt heraus, schon klatscht jedermann.	*klatschen*
Beppo, der Clown, er zieht seinen Hut und beugt sich ganz tief, denn das kann er gut.	*pantomimisch den Hut ziehen* *sich tief verbeugen*
Setzt seinen Hut nun schnell wieder auf, und schon geht es los, im Dauerlauf.	*Hut pantomimisch aufziehen* *durch den Raum joggen*
Doch plötzlich bleibt der Beppo stehn, ist müd, will nicht mehr weiter gehn.	*stehen bleiben*
Streckt seine beiden Arme aus, dreht sich dabei, ja ei der daus.	*Arme weit ausstrecken und sich dabei drehen*
Nun legt der Clown sich einfach um, rollt fröhlich auf dem Boden rum.	*auf den Rücken legen und sich über den Boden rollen*
Strampelt wild mit seinen Füßen, will die Leute so begrüßen.	*auf dem Rücken liegen und mit den Beinen strampeln*
Jetzt steht er auf, bewegt sich munter mehrmals rauf, dann wieder runter.	*sich mehrmals verbeugen*
Doch nun ist Schluss, der Clown hört auf und läuft hinaus im Dauerlauf. Winkt den Leuten dabei zu, für heute will er seine Ruh.	*laufen und dabei winken*

Kleine Entdecker – große Schatzsuche

Kinder lieben es, Dinge zu suchen. Gegenstände werden versteckt, und anschließend müssen sie wiedergefunden werden. Das ist spannend und interessant. Die Kleinen schauen sich auf diese Weise ihre Umgebung ganz genau an und setzen sich mit ihr auseinander. So erkunden sie ihre Umwelt aktiv. Aufstehen, hinlaufen, Dinge hochheben, umdrehen, davor und dahinter nachschauen, Kisten öffnen, Deckel abschrauben – all diese Aktivitäten finden Kinder unter 3 Jahren unheimlich spannend. Immer und immer wieder wird die Kiste geöffnet, hineingeschaut und danach erneut verschlossen. Um gerade diese natürliche kindliche Neugier zu fördern, habe ich das Thema „Schatzsuche" in das Buch aufgenommen. Die Kleinsten haben dabei viele Gelegenheiten zum Suchen und Finden.

Der Schatz ist gefunden! Zur Belohnung dürfen alle einmal zugreifen.

In einem lustigen **Bewegungslied** gehen die Kleinen auf Entdeckungstour und erproben sich in vielfältigen Fortbewegungsarten.

Durch abwechslungsreiche **Bewegungsimpulse** begeben sich die Kinder auf Schatzsuche und werden zu kleinen Entdeckern, indem sie an Felsen emporklettern, durch Höhlen kriechen, über Hängebrücken balancieren oder auf einem Steg den reißenden Fluss überqueren. Das fordert nicht nur Geschick und Muskelkraft, sondern fördert auch das Köpergefühl und die Raumwahrnehmung.

Ein spannendes **Ganzkörperspiel** führt die kleinen Entdecker quer durch den Gruppen- oder Turnraum. Und wer weiß, vielleicht finden die Kinder am Ende ja einen richtigen Schatz?

In einem einfachen **Bewegungsspiel** packen die kleinen Schatzsucher eine große Kiste mit Vorräten zusammen, welche sie auf einer langen Expedition gut gebrauchen können.

Viel Spaß bei Ihrer eigenen, ganz individuellen Schatzsuche wünsche ich Ihnen und Ihren kleinen Entdeckern!

Wer will fröhliche Schatzsucher sehn?

Melodie: traditionell „Wer will fleißige Handwerker seh'n?" **Text:** Eva Danner

Refrain:

Wer will fröhliche Schatzsucher sehn?
Der muss zu den Kindern gehn.

1.
Auf den Baum, auf den Baum,
wir **klettern** hoch, man glaubt es kaum.
(mit Armen und Beinen Kletterbewegungen ausführen)

2.
In den See, in den See,
wir **schwimmen** weit, oje, oje.
(Arme machen Schwimmbewegungen)

3.
In die Sümpf, in die Sümpf,
wir **steigen** durch mit Schuh und Strümpf'.
(im Storchengang die Beine weit anheben)

4.
Durch den Stein, durch den Stein,
wir **kriechen** in die Höhle rein.
(auf den Bauch legen, sich mit den Armen vorwärts ziehen)

5.
In den Wald, in den Wald,
wir **hüpfen**, dann wird uns nicht kalt.
(hüpfen)

6.
Übern Steg, übern Steg,
wir **balanciern** auf unsrem Weg.
(Arme ausstrecken und langsam einen Fuß vor den anderen setzen)

7.
Durch das Gras, durch das Gras,
hier **laufen** wir und haben Spaß.
(im Kreis laufen)

8.
Schnell nach Haus, schnell nach Haus,
wir **ruhen** uns im Bett nun aus.
(hinlegen)

9.
Schlafenszeit, Schlafenszeit,
gute Nacht, ihr lieben Leut.
(Augen schließen)

Tipp:
Man muss nicht alle Strophen singen. Wählen Sie einfach diejenigen aus, welche Ihnen als geeignet erscheinen, und führen Sie beim Singen die entsprechenden Bewegungen zum Text aus.

Regenschauer

Die Kinder befinden sich auf Schatzsuche im großen Wald. Da überrascht sie ein Regenschauer, aber in einer Höhle können sie sich unterstellen.

Das brauchen Sie:

- ein Schwungtuch, eine Handtrommel, einen Regenmacher (alternativ: eine Handtrommel/ein Tamburin; eine Ocean Drum)

So geht es:

- Legen Sie ein **Schwungtuch** als Höhle in die Turnraummitte. Während Sie die **Handtrommel** schlagen, dürfen sich die kleinen Schatzsucher frei im Wald bewegen. Verstummt die Trommel, rufen Sie: „Alle Kinder in die Höhle!" Sofort setzen sich alle auf das Schwungtuch. Nun können Sie mit einem **Regenmacher** den Regen hörbar machen. Verstummt der Regen und erklingt die Trommel erneut, geht die Schatzsuche weiter.

Kleine Schätze finden

Das brauchen Sie für den Gesamtaufbau:

- ein Kastenoberteil, vier Stationen

Erzählen Sie den Kindern, dass sie nun alle zu Schatzsuchern werden. Überall sind Schätze versteckt, wie Goldstücke, Edelsteine und vieles mehr. Diese dürfen die Kleinen von den folgenden vier Stationen zu einer Schatztruhe (ein **Kastenoberteil**) in der Mitte des Turnraumes bringen.

Edelsteine in der Felsspalte

Das brauchen Sie:

- einen Korb, eine Sprossenwand, Holzkugeln (alternativ: Tischtennisbälle oder kleine Gummibälle), eine Pappröhre (im Durchmesser etwas dicker als die verwendeten Bälle), eine Schnur (oder ein Seil), eine Kiste, Matten zur Sicherung

So geht es:

Es ist gar nicht so leicht, die kleinen Edelsteine aus der Felsspalte zu fischen.

- Befestigen Sie einen **Korb** oben an der **Sprossenwand**. Dieser symbolisiert die Felsspalte. Befüllen Sie den Korb mit bunten **Holzkugeln** als Edelsteine. Fixieren Sie eine lange **Pappröhre** mit einer **Schnur** ebenfalls an der Sprossenwand neben dem Korb. Platzieren Sie eine **Kiste** auf dem Boden, direkt unter der Röhre. Sichern Sie die Station mit **Matten**. Die kleinen „Schatzsucher" klettern nun nach oben, nehmen sich einen „Edelstein" aus der „Felsspalte" heraus und stecken ihn oben in die Röhre. Die Kugel rollt in die Kiste, und die Kinder klettern wieder nach unten. Dann nehmen sie die Kugel heraus und bringen sie zur „Schatztruhe".

Schatzsuche im Wald

Goldstücke in der Höhle

Das brauchen Sie:

- zwei Langbänke, zwei Turnmatten, Goldstücke aus Fotokarton, einen Korb

So geht es:

In der Höhle findet sich so manches Goldstück.

➤ Stellen Sie zwei **Langbänke** nebeneinander mit etwa einem Meter Abstand zueinander auf. Legen Sie zwei **Turnmatten** quer darüber, und fertig ist die Höhle. Basteln Sie aus goldenem Fotokarton (alternativ: Bierdeckel) runde **Goldstücke**, und legen Sie diese in einen **Korb**, welchen Sie auf eine Seite der „Höhle" stellen. Die Kinder nehmen sich ein Goldstück heraus, kriechen durch die „Höhle" und legen es in die Schatztruhe.

Der Weg über die Hängebrücke lohnt sich, denn viele wertvolle Perlen warten auf der anderen Seite.

Perlen am andern Ufer

Das brauchen Sie:

- eine Matte, Holzstäbe, einen Korb, Plastikbälle (alternativ: Tennisbälle)

So geht es:

Nur nicht die Perlen verlieren: Die wackelige Hängebrücke ist eine kleine Herausforderung.

➤ Legen Sie eine **Matte** über mehrere **Holzstäbe** auf den Boden. Dies symbolisiert die Hängebrücke. Auf eine Seite stellen Sie einen **Korb**, in welchem sich viele bunte **Plastikbälle** als Perlen befinden. Die Kinder nehmen sich einen Ball aus dem Korb, laufen über die wackelige „Brücke" und bringen ihn zur Schatztruhe.

Glitzersteine im Fluss

Das brauchen Sie:

- eine Leiter, zwei Kastenoberteile, Matten, Glitzersteine

Tipp:
Befüllen Sie doch eine kleine „Schatzkiste" mit Gummibärchen. So erhalten die Kleinen einen echten Schatz – zum Naschen.

So geht es:

Gemeinsam nach Glitzersteinen suchen – damit keiner im tiefen Fluss zurückbleibt.

➤ Legen Sie eine **Leiter** auf zwei **Kastenoberteile**. Dies ist der Steg, der über den Fluss führt. Platzieren Sie **Matten** unter der Leiter, welche den Fluss darstellen und gleichzeitig als Fallschutz dienen. Verteilen Sie verschiedene **Glitzersteine** auf den Turnmatten. Die Kinder steigen nun über die einzelnen Sprossen, greifen ins „Wasser" und fischen sich einen Stein heraus.

Entdeckungsreise

Mit dem ganzen Körper spielen …

Ich klettre auf den Berg hinauf und oben wieder runter. Dann hüpfe ich im Dauerlauf und werde dabei munter.	*Arme und Beine machen Kletterbewegungen;* *hüpfen*
Jetzt sehe ich mich erst mal um. Was kann ich denn entdecken? Ich laufe um den See herum und sitze unter Hecken.	*Hand beschattet Augen;* *im Kreis laufen;* *sich ducken und klein machen*
Ich horch, ob ich was hören kann, doch niemand ist zu sehen. Ich warte kurz, doch irgendwann muss ich dann weitergehen.	*Hand hinter das Ohr halten;* *ausladende Handbewegung;* *laufen*
Jetzt will ich in die Höhle gehn und schleiche dabei leis. Ich kann 'ne kleine Kiste sehn, dreh mich vor Freud im Kreis.	*laufen;* *leise schleichen;* *im Kreis drehen*
Die Kiste nehm ich mit nach Haus ich zieh sie hinterher. Daheim ruh' ich mich erst mal aus. Die Kiste, die war schwer.	*die Kiste gemeinsam holen;* *hinsetzen;* *tief ein- und ausatmen*
Nun schau ich aber endlich rein und mach den Deckel auf. Viele Kekse duften fein. Die ess ich alle auf.	*Kiste öffnen;* *jeder Schatzsucher darf einen Keks essen*

So geht es:

- Legen Sie einige **Kekse, Gummibärchen** oder was immer sie möchten in eine **Kiste** hinein, und verstecken Sie diese im Gruppenraum, sodass die Kinder sie nicht sofort sehen. Vielleicht decken Sie sie auch mit einem **Tuch** zu. Bewegen Sie sich gemeinsam mit Ihren kleinen Schatzsuchern so durch das Zimmer, dass alle am Ende vor der Kiste stehen.

Vorräte packen

Erzählen Sie den Kindern, dass eine Schatzsuche oftmals längere Zeit dauert. Damit man immer genug zu Essen und zu Trinken hat, müssen Vorräte eingepackt werden.

Das brauchen Sie:

- eine Kiste (alternativ: einen Korb, eine Tasche oder einen Rucksack), leeres Verpackungsmaterial von Lebensmitteln (Kartons, Dosen, Plastikflaschen etc.)

So geht es:

- Stellen Sie in die Mitte des Zimmers (oder Turnraumes) eine große **Kiste**, in welcher alle Lebensmittel und was man sonst noch benötigt verstaut werden. Aus leeren **Kartonverpackungen** (Nudeln, Müsli, Kekse etc.), **Dosen, Plastikflaschen** und vielem mehr setzt sich der Reiseproviant zusammen. Verteilen Sie alle Verpackungen im Zimmer: auf Schränken, in Regalen und Schubladen, in der Kinderküche oder aber auf einer 2. Ebene – wo immer sich ein Plätzchen findet. Die Kinder nehmen sich immer einen Gegenstand, bringen ihn zur großen Kiste und verstauen ihn darin. Das Spiel ist zu Ende, wenn alle Lebensmittel in der Kiste sind.

Das brauchen Sie:

- einen Sack, eine Kiste o. Ä. mit „süßem Inhalt" als Schatz.

Zum Weitermachen:

Ist der Reiseproviant gepackt, bietet sich eine kleine Schatzsuche im Anschluss natürlich an. Hier könnte man das Ganzkörperspiel „Entdeckungsreise" (siehe Seite 53) spielen. Erzählen Sie den Kleinen, dass sie jetzt genug Essen und Trinken eingepackt haben, um sich gemeinsam auf Schatzsuche begeben zu können. Und wer weiß, vielleicht finden sie sogar einen echten Schatz …

Ist der Reiseproviant schon gepackt?

Sommer, Sonne, Sonnenschein

Urlaubszeit! Es ist warm, die Sonne scheint, und man hat Lust, nach draußen zu gehen. Viele Kinder fahren gemeinsam mit ihren Familien in den Urlaub. Dabei geht die Reise oft ans Meer, wo man baden oder mit dem Schiff fahren kann. Muscheln sammeln, Fische beobachten oder einfach am Strand buddeln, das mögen nahezu alle Kinder gerne. Eine ausgelassene, unbeschwerte Zeit steht nun bevor, frei von Stress und dem hektischen Alltag. Alle haben Zeit, sind entspannt und freuen sich am warmen Sommer. Viele verschiedene Ideen rund um die Urlaubszeit bietet das folgende Kapitel.

Da schwimmen aber viele Fische im Meer …

In einem **Bewegungslied** begeben sich alle mit veschiedenen Verkehrsmitteln auf Urlaubsreise und verbessern ganz nebenbei ihre Koordination.

Durch vielfältige **Bewegungsimpulse** können die Kleinen ihre Motorik am „Strand“ erproben: Sie rutschen von einer „Wasserrutsche“ direkt ins Meer hinein, versuchen als Muschelsucher ihr Glück und krabbeln durch den Sand. Dabei stärken sie ihre Arm- und Beinmuskulatur und schulen ihr Gleichgewicht.

Eine lustige **Bewegungsgeschichte** erzählt von der Fahrt in den Urlaub und wie man sie bewegungsreich gestalten kann. Das regt die Körperwahrnehmung der Kinder an.

In einer **Massagegeschichte** wird nicht nur das Familienauto sauber, sondern die Kinder können auch wunderbar entspannen und zur Ruhe kommen.

Ich wünsche Ihnen und Ihren kleinen Sonnenanbetern viel Spaß beim Ausprobieren!

Wir fahren in den Urlaub

Melodie: traditionell „Ein Männlein steht im Walde“ **Text:** Eva Danner

1.
Wir fahren in den Urlaub, das ist ja klar.
Mit unsrem neuen **Auto**, ja das ist wahr.
Fahren langsam und mal schnell,
stehen manchmal auf der Stell.
Wir fahren in den Urlaub, das ist ja klar.
(Hände halten ein imaginäres Lenkrad und bewegen sich frei im Raum)

2.
Wir fahren in den Urlaub, das ist ja klar.
Mit unsrem neuen **Fahrrad**, ja das ist wahr.
Fahren langsam und mal schnell,
stehen manchmal auf der Stell.
Wir fahren in den Urlaub, das ist ja klar.
(auf der Stelle stampfen, einen imaginären Lenker festhalten)

3.
Wir fahren in den Urlaub, das ist ja klar.
Mit einer alten **Dampflok**, ja das ist wahr.
Fahren langsam und mal schnell,
stehen manchmal auf der Stell.
Wir fahren in den Urlaub, das ist ja klar.
(sich hintereinander an den Schultern festhalten und umherlaufen)

4.
Wir fahren in den Urlaub, das ist ja klar.
Mit einem großen **Flugzeug**, ja das ist wahr.
Fliegen langsam und mal schnell,
aber niemals auf der Stell.
Wir fahren in den Urlaub, das ist ja klar.
(Arme ausstrecken und durch den Raum „fliegen“)

5.
Wir fahren in den Urlaub, das ist ja klar.
Mit einem kleinen **Schifflein**, ja das ist wahr.
Fahren langsam und mal schnell,
stehen manchmal auf der Stell.
Wir fahren in den Urlaub, das ist ja klar.
(mit den Armen Ruderbewegungen machen)

Eisenbahn

Das brauchen Sie:

- Schaumstoffelemente, eine Handtrommel/ein Tamburin

So geht es:

- Erzählen Sie den Kindern, dass nun alle gemeinsam mit der Eisenbahn in die Ferien fahren möchten. Bauen Sie aus verschiedenen **Schaumstoffelementen** eine Eisenbahn. Wenn Sie mit der **Handtrommel** schlagen, dürfen sich alle frei im Raum bewegen. Verstummt die Trommel, rufen Sie: „Alle Einsteigen! Die Eisenbahn fährt los!" Sofort setzen sich die Kleinen auf die Schaumstoffelemente, und die Fahrt kann beginnen. Wer möchte, kann hierzu das Lied „Tuff tuff tuff die Eisenbahn" singen. Erklingt die Trommel wieder, steigen alle Fahrgäste aus und bewegen sich so lange durch den Turnraum, bis die nächste Bahn kommt. Das Aufwärmen ist beendet, wenn Sie mehrere Durchgänge gespielt haben und die Lokomotive am Urlaubsziel angekommen ist.

Am Strand

Es ist Sommer. Viele fahren in die Ferien. Berichten Sie den Kindern, dass alle gemeinsam heute einen Tag am Meer verbringen werden, wo es allerlei zu erleben gibt.
Achtung: Sichern Sie alle Stationen, wenn erforderlich, mit Matten ab.

Wasserrutsche

Es macht riesigen Spaß, eine Wasserrutsche hinunterzusausen, und man kann sich herrlich dabei abkühlen, wenn es draußen heiß ist.

Das brauchen Sie:

- einen Kasten, eine Leiter, eine Rutsche, Matten

So geht es:

- Bauen Sie einen **Kasten** auf, und hängen Sie auf der einen Seite eine **Leiter** und auf der anderen eine **Rutsche** ein. Diese Station stellt die Wasserrutsche dar. Legen Sie **Matten** darunter, die als Fallschutz dienen und gleichzeitig das Wasser darstellen. Die Kleinen steigen auf der Leiter nach oben, klettern auf den Kasten und rutschen auf der anderen Seite ins „kühle Nass".

Toll, so eine Wasserrutsche!

Sommerzeit

Muscheln sammeln

Das brauchen Sie:

- ein dickes Seil, einen (Sandspiel-) Eimer, zwei Körbe, Muscheln (alternativ: Bälle), eine Bank

So geht es:

Gesucht, gesammelt und gefunden: tolle Muscheln

- Spannen Sie ein **dickes Seil** durch den Turnraum, und hängen Sie auf einer Seite einen kleinen **Eimer** ein, ehe Sie das Seil befestigen. Stellen Sie neben den Eimer einen **Korb** auf den Boden, welcher mit **Muscheln** gefüllt ist. Auf der anderen Seite platzieren Sie einen leeren Korb. Stellen Sie eine **Bank** neben das gespannte Seil, welches den Steg symbolisiert, über den die „Muschelsammler" laufen müssen. Die Kinder legen nun eine Muschel in den Eimer und ziehen ihn am Seil entlang zur anderen Seite hin. Dabei balancieren sie vorsichtig über den „Steg". Auf der anderen Seite angekommen, nehmen sie die Muschel aus ihrem Eimer und legen diese in den Korb.

Fische fangen

Das brauchen Sie:

- ein Trampolin, eine Weichbodenmatte, Holzfische (alternativ: aus Papier basteln oder Bierdeckel verwenden), einen Eimer

So geht es:

Juhu, ich springe ins Meer!

- Stellen Sie ein **Trampolin** vor eine **Weichbodenmatte**, auf welcher Sie im hinteren Drittel **Holzfische** (z. B. von einem Angelspiel) verteilen. Neben die Matte stellen Sie einen **Eimer.** Die kleinen Fischer hüpfen nun vom Trampolin ins „Wasser", nehmen sich einen Fisch und legen ihn in den Eimer.

Am Sandstrand

Das brauchen Sie:

- Schaumstoffelemente, zwei Matten, einen Korb, Sancförmchen, eine Kiste

So geht es:

Im warmen Sand zu krabbeln, ist schön!

- Bauen Sie eine Strandlandschaft auf, über welche die Kinder krabbeln, laufen oder klettern können. Legen Sie mehrere **Schaumstoffelemente** unter die **Matten**. Fertig ist der Sandstrand. Platzieren Sie auf der einen Seite einen **Korb** mit **Sandförmchen,** auf der anderen Seite eine leere **Kiste**. Die Kinder nehmen sich ein Förmchen und krabbeln durch den Sand. Auf der anderen Seite angekommen, legen sie ihr Förmchen in eine Kiste.

Ferien-Fahrt

Das brauchen Sie:

- Stühle, kleine Handtücher oder Teppichfliesen

Zur Vorbereitung:

- Diese Bewegungsgeschichte können Sie sowohl im Turnraum als auch im Gruppenzimmer durchführen. Stellen Sie Stühle, entsprechend der Anzahl der mitfahrenden Kinder, hintereinander auf. Dies stellt das Auto dar. Dabei spielt es keine Rolle, ob Sie die Stühle in einer langen Reihe oder lieber in zwei Reihen stellen möchten. Wenn Sie mit den Kleinen im Gruppenzimmer spielen möchten, sorgen Sie dafür, dass eine Ecke im Raum freigeräumt ist, da diese den Spielplatz symbolisiert. Wenn nötig, schieben Sie die Tische etwas zur Seite, um ein wenig Platz zu schaffen, damit die Kinder sich ausreichend bewegen können.

In Sause-Brause-Fahrt über die Autorbahn

Endlich geht es los, wir fahren in die Ferien. Wir, das sind Mama, Papa, meine Schwester Karla und ich. Die Koffer sind bereits im Auto verstaut. Jetzt steigen auch wir endlich ein. (Jeder setzt sich auf einen Stuhl.)
Zuerst fahren wir noch langsam, denn wir sind noch in der Stadt unterwegs (mit den Händen pantomimisch das Lenkrad halten und langsam „herumfahren"). Später auf der Autobahn saust das Auto schnell über die Straße (mit den Händen pantomimisch ein Lenkrad halten und schnell „herumfahren"). Irgendwann machen wir eine Pause und parken den Wagen (Lenkrad still halten). Wir steigen aus und entdecken in einiger Entfernung einen Spielplatz. Schnell laufen Karla und ich dort hin. (Alle steigen von ihren Stühlen auf und laufen zu der freien Stelle im Raum.) Wir krabbeln durch eine Röhre hindurch und kommen auf der anderen Seite wieder heraus. Das macht Spaß. „Schnell, lasst uns noch einmal durchkriechen!" (Vierfüßlergang) „Oh! Ein Klettergerüst!" Ich klettere daran nach oben und winke allen zu (mit Armen und Beinen Kletterbewegungen ausführen; winken). „Da ist ja eine Rutsche. Die möchte ich hinuntersausen!" (Legen Sie kleine Handtücher oder Teppichfließen bereit, auf welche sich die Kinder mit angewinkelten Beinen setzen; durch Rutschen versuchen sie, sich vorwärtszubewegen.) Karla hat einen Abhang entdeckt. Wir rollen dort hinunter und haben eine Menge Spaß dabei (über den Boden rollen). Leider können wir nicht länger spielen, wir müssen weiterfahren. Schnell steigen wir ins Auto ein (alle nehmen wieder auf ihren Stühlen Platz) und fahren los (ein imaginäres Lenkrad halten). Bis zu unserem Hotel müssen wir noch viele Stunden fahren. Deshalb schlafen Karla und ich erst einmal ein bisschen. Bestimmt weckt uns Papa, wenn wir endlich da sind (den Kopf auf die gefalteten Hände legen und Augen schließen).

Auto waschen

„Zuerst kommt Wasser …"

Das brauchen Sie:

- eine geeignete Unterlage, z. B eine (Iso-)Matte (alternativ: Matratze, Fell)

So geht es:

- Erzählen Sie den Kindern, dass das Auto nach der langen Fahrt in den Urlaub schmutzig geworden ist und dringend gewaschen werden muss. In der Waschanlage wird es wieder auf Hochglanz gebracht. Jedes Kind wird nun selbst zum Auto, das gereinigt wird. Legen Sie die Unterlage bereit, auf der das Kind es sich gemütlich machen kann. Während es auf dem Bauch liegt, beginnen Sie mit der „Auto-Massage".

… lauschen …	… spüren …
Das Auto fährt nun rasch hinein, es will schnell wieder sauber sein.	*Unterarm über den Rücken rollen lassen*
Zuerst kommt Wasser, das ist wahr, ziemlich viel, das ist ja klar.	*Fingerspitzen tippeln über den Rücken*
Nun braucht man sich nicht zu beeilen, muss den Schaum recht gut verteilen.	*mit den flachen Händen über den Rücken streichen*
Die Bürsten kommen jetzt, oh Schreck, und schrubben allen Dreck schnell weg.	*die Fäuste kreisförmig über den Rücken bewegen*
Jetzt kommt auch noch ein Heißluftfön, damit wird das Auto schön trocken am Dach und an den Türen, kein Wasser ist nun mehr zu spüren.	*pusten*
Zuletzt noch polieren für den Glanz, dann strahlt das Auto wieder ganz.	*Handfläche kreisförmig über den Rücken streichen*

Bald ist Weihnachten

Ein fertig geschmückter Kranz kann bestaunt werden.

Die Advents- und Weihnachtszeit ist eine wunderbare Zeit, die alle Kinder lieben. Etwas Geheimnisvolles und Zauberhaftes umgibt sie, und kaum einer kann sich ihrer einzigartigen Atmosphäre entziehen. Kerzen brennen, Lieder werden gesungen, Plätzchen gebacken und vieles mehr. Man verbringt nun viel mehr Zeit drinnen, wo es warm und gemütlich ist. Draußen liegt oft Schnee, und es ist kalt. Warm eingepackt, lieben die Kleinen die weiße Pracht. Einen Schneemann zu bauen, eine Schneeballschlacht oder einfach nur im weißen Pulverschnee herumzutoben, macht eine Menge Spaß und fördert die Bewegungsfreude. Damit die Kinder aber auch ein ausreichendes Bewegungsangebot für drinnen erhalten, habe ich verschiedene weihnachtliche und adventliche Impulse, Ideen und Anregungen für dieses Bewegungsbuch zusammengestellt. Vom Plätzchenbacken bis zum Adventskranzschmücken – diese bewegten Weihnachtsvorbereitungen schaffen Gelegenheiten für vielfältige und neue motorische Erfahrungen.

In einem fröhlichen **Bewegungslied** dürfen sich die Kleinen gemeinsam mit Bischof Nikolaus auf den Weg zu den Kindern begeben. Pantomimisch begleiten sie seine Reise und verbessern dabei ihr Raumgefühl sowie ihre Koordination.

Durch unterschiedliche **Bewegungsimpulse** können die Kinder einen Adventskranz schmücken. Sterne, Nüsse, Zapfen und Kerzen tragen sie herbei. Doch die Sachen liegen nicht einfach griffbereit herum, sondern die Kleinen müssen sich etwas anstrengen, um an all die Dinge für ihren Kranz zu kommen. Dazu wird geklettert, gekrochen, gestiegen und balanciert – und ganz nebenbei verbessern die Kinder ihren Gleichgewichtssinn und stärken ihre Muskelkraft und Kondition.

In einer kurzen **Bewegungsgeschichte** erfahren die Kinder, was das Christkind vor Weihnachten noch alles zu erledigen hat. Sogleich greifen sie ihm etwas unter die Arme und verbessern dabei ihre Koordination und ihr Körpergefühl.

Eine weihnachtliche **Massagegeschichte** berichtet vom Plätzchenbacken und lädt zum Entspannen und Ausruhen ein. Zudem sensibilisiert die Geschichte die Kleinen für ihren Körper und fördert die Körperwahrnehmung.

Ich wünsche Ihnen eine wunderschöne Advents- und Weihnachtszeit mit Ihren Kindern!

Der Niklaus stapft heut durch den Wald

Melodie: traditionell „Dornröschen war ein schönes Kind“ **Text:** Eva Danner

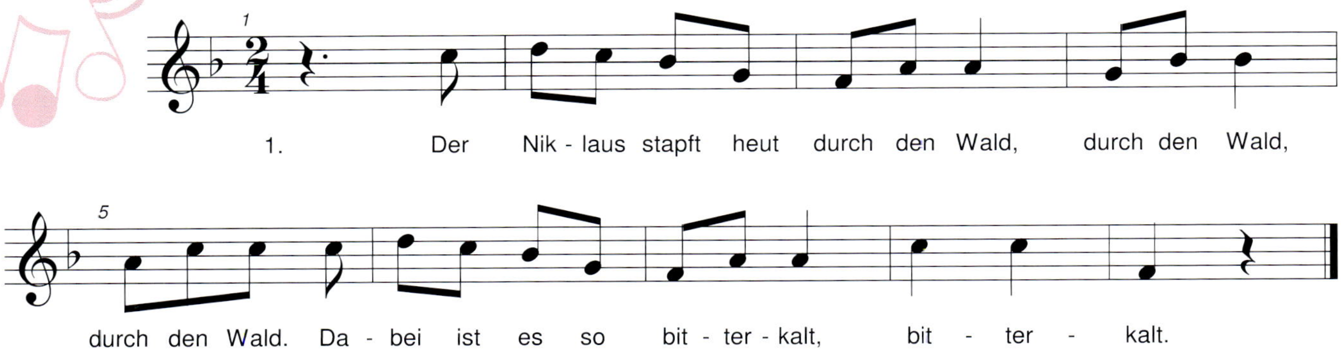

1.
Der Niklaus stapft heut durch den Wald, durch den Wald, durch den Wald.
Dabei ist es so bitterkalt, bitterkalt.
(durch den Raum stapfen)

2.
Er schleppt auch einen großen Sack, großen Sack, großen Sack.
Den trägt er heute huckepack, huckepack.
(pantomimisch einen Sack auf der Schulter schleppen und laufen)

3.
Nun will er zu den Kindern gehn, Kindern gehn, Kindern gehn,
hinein in ihre Fenster sehn, Fenster sehn.
(laufen, dann stehen bleiben und mit der Hand die Augen beschatten)

4.
Er holt vor jedem neuen Haus, neuen Haus, neuen Haus
ein Päckchen aus dem Sack heraus, Sack heraus.
(sich hin und wieder bücken und pantomimisch etwas aus dem imaginären Sack holen)

5.
Jetzt muss er aber weitergehn, weitergehn, weitergehn.
Bis nächstes Jahr, auf Wiedersehn, Wiedersehn.
(laufen und winken)

Sternenlauf

Das brauchen Sie:

- Papiersterne in unterschiedlichen Farben, eine Handtrommel/ein Tamburin

So geht es:

- Basteln Sie aus **Papier** Sterne in unterschiedlichen Farben, und befestigen Sie diese an den Wänden des Turnraumes. Während Sie die **Trommel** schlagen, dürfen sich die Kleinen frei im Raum bewegen. Verstummt die Trommel, rufen Sie: „Alle Kinder laufen zum ... Stern!“ (Nennen Sie die Farbe des Sterns.) Nun rennen alle Kinder zum genannten Stern hin. Man kann dieses Aufwärmspiel beliebig lange durchführen.

Adventskranz schmücken

Das brauchen Sie für den Gesamtaufbau:

- einen Reifen, vier Stationen

Erzählen Sie den Kindern, dass sie nun einen Adventskranz schmücken dürfen: mit Kerzen, Sternen, Nüssen und (Kiefern-/Tannen-)Zapfen. Legen Sie in die Mitte des Turnraumes einen **Reifen**. Dieser stellt den Adventskranz dar. An den folgenden vier Stationen erhalten die Kleinen die einzelnen Dinge zum Schmücken des Kranzes.

Tipp:
Wer möchte, kann den Reifen auch mit grünen Tüchern umwickeln, dann sieht der „Adventskranz“ noch schöner aus!

Sterne

Das brauchen Sie:

- Papiersterne, Wäscheklammern, ein Seil, ein Kletternetz, Matten zum Sichern

Tipp:
Sollten die Kleinen Schwierigkeiten beim Herunterklettern haben, wenn sie einen Stern in der Hand halten, können sie ihn auch einfach abziehen, herunterfallen lassen und nach dem Hinunterklettern wieder aufheben.

So geht es:

Basteln Sie aus gelbem **Papier** mehrere Sterne, und befestigen Sie diese mit **Wäscheklammern** an einem dünnen **Seil**, welches Sie oben an das **Kletternetz** knoten. Die Kinder klettern am Netz hinauf, nehmen sich einen Stern und klettern wieder herunter. Den Stern dürfen sie dann auf den „Adventskranz“ legen. Sichern Sie die Station mit Matten ab.

Viele Sterne hängen am Himmel.

Weihnachtsvorbereitungen

Nüsse

Das brauchen Sie:

- einen Kriechtunnel, Nüsse (alternativ: Bälle), einen Korb

So geht es:

➤ Bauen Sie einen **Kriechtunnel** auf. Dann füllen Sie **Nüsse** in einen **Korb** und stellen diesen neben den Tunneleingang. Die Kinder nehmen sich eine Nuss, krabbeln durch den Tunnel hindurch und bringen die Nuss zum „Kranz".

Eine Nuss wird zum Advents-kranz gebracht.

Zapfen

Das brauchen Sie:

- zwei Kastenoberteile, eine Leiter, einen Korb, Zapfen

So geht es:

➤ Nehmen Sie zwei **Kastenoberteile**, und legen Sie eine **Leiter** oben auf. Neben die Leiter stellen Sie einen **Korb**, den Sie vorher mit **Zapfen** gefüllt haben. Nun gibt es drei Möglichkeiten, wie die Kinder die Zapfen zum „Adventskranz" bringen können:

1. Die Kleinen nehmen einen Zapfen in die Hand und laufen auf den Sprossen. Dabei sollten Sie zur Sicherheit immer eine Hand des Kindes halten.
2. Die Kinder steigen über die einzelnen Sprossen selbstständig hinweg.
3. Legen Sie die Leiter flach auf den Boden, ohne die beiden Kastenteile. Auf diese Weise können auch die Kleinsten über die einzelnen Sprossen steigen.

Mit etwas Hilfe wird der Zapfen zum Kranz transportiert.

Kerzen

Das brauchen Sie:

- Papierkerzen, einen Korb, eine Langbank

So geht es:

➤ Basteln Sie aus buntem **Papier** mehrere Kerzen, die Sie in einen **Korb** legen und an das Ende einer **Langbank** stellen. Die Kinder nehmen sich jeweils eine Kerze aus dem Korb, balancieren über die Bank und schmücken mit dieser den „Kranz".

Und noch eine Kerze für den Kranz.

Hilfe für das Christkind

Zum Einstieg:

- Die Kinder sitzen im Kreis. Man kann diese Geschichte sowohl spielen, indem man sich im Zimmer frei bewegt oder aber auch im Kreis sitzen bleibt. Je nach Platz können Sie sich für eine der beiden Varianten entscheiden. Ich stelle Ihnen die Geschichte in der sitzenden Variante vor.

Das Christkind schläft schon.

Klingeling, ertönt ein kleines Glöckchen (mit Glöckchen läuten). „Was war das?", denkt das Christkind, das noch in seinem wolkenweichen Bettchen liegt (Kinder sitzen im Kreis, der Kopf liegt auf den gefalteten Händen, Augen sind geschlossen). „Ach ja!", ruft es plötzlich. „Es ist Zeit, aufzustehen. Weihnachten ist bald!" Es schiebt die Bettdecke zur Seite, streckt Arme und Beine aus und schwupps ist es aufgestanden (Arme und Beine strecken). Noch etwas verschlafen, reibt es seine Augen und gähnt (Augen reiben, gähnen). Als es auf seine Uhr sieht, kriegt das Christkind einen Schreck: „Ach herrje. Schon so spät. Jetzt muss ich mich aber beeilen!" Schnell flitzt es in ein anderes Zimmer (schnell auf der Stelle laufen). Überall sind Päckchen verteilt. Große und kleine, eckige und runde. Eilig beginnt das Christkind damit, eine Schleife um jedes Geschenk zu binden, damit es schön aussieht (pantomimisch Schleifen binden). Jedes einzelne Päckchen muss es aufheben und danach auf seinem Schlitten abstellen (sich bücken, dann das imaginäre Geschenk neben sich wieder abstellen). Das ist ziemlich viel Arbeit. Aber schließlich sollen alle Kinder ein Geschenk bekommen. So hat das Christkind den ganzen Tag furchtbar viel zu tun. Doch irgendwann ist es geschafft. Alle Päckchen sind fertig. „Juhu!", jubelt es überglücklich (Arme nach oben strecken, jubeln). Jetzt muss es sich aber schleunigst auf den Weg zur Erde machen. Schnell läuft es in die andere Stube, um seinen Mantel anzuziehen (schnell auf der Stelle laufen/pantomimisch einen Mantel anziehen). Denn auf der Erde ist es jetzt sehr kalt. Mit seinem Schlitten macht es sich auf den Weg. Viele kleine Schneeflöckchen fallen ihm auf den Kopf (Finger stellen die Schneeflocken dar). Aber das macht ihm nichts aus. Das Christkind mag den Schnee gerne. Als es auf der Erde ankommt, läuft es rasch von Haus zu Haus und bringt den Kindern die Geschenke (Hände auf Oberschenkel patschen und pantomimisch Geschenke verteilen). Als der Schlitten leer ist, macht sich das Christkind wieder auf den Nachhauseweg. Daheim angekommen, legt es sich in sein wolkenweiches Bettchen hinein und macht die Augen zu. Für heute hat es genug getan (Kopf auf die gefalteten Hände legen und Augen schließen).

Plätzchen backen

… lauschen …	… spüren
Heute wolln wir Plätzchen machen, lauter leckre, feine Sachen.	*den Rücken massieren*
Zuerst muss man, das ist ja klar, den Teig weich kneten, das ist wahr.	*die Haut vorsichtig kneten*
Ist der Teig dann endlich weich, wird er gerollt, und zwar jetzt gleich.	*mit dem Unterarm über den Rücken streichen*
Jetzt stechen wir die Plätzchen aus, Stern und Mond und Katz und Maus.	*mit dem Finger verschiedene Muster auf den Rücken malen*
Auch wollen wir sie noch verzieren, mit bunten Streuseln hübsch garnieren.	*mit den Fingerspitzen auf den Rücken tippen*
Nun in den Ofen rein, geschwind, und backen, bis sie fertig sind.	*pusten*

Das brauchen Sie:

- eine Matte/Decke oder ein weiches Fell

So geht es:

- Bitten Sie das Kind, sich auf einer **Matte** oder einer **Decke** entspannt auf den Bauch zu legen. Dann sprechen Sie den Reim und führen dazu die entsprechenden Bewegungen auf dem Rücken des Kindes aus. Mit solch einer kleinen Massagegeschichte können die Kleinen entspannen und zur Ruhe kommen. Nahezu alle Kinder genießen diesen Körperkontakt sehr, manch einer ist dabei sogar schon eingeschlafen.

Ein weiches Fell lädt zum Entspannen ein.

Bartoli y Eckert, Petra; Tsalos, Ellen:
KrippenKinderKniebuch. Klara kann das schon alleine! Mitmachgeschichten, die den Tag begleiten. 1–3 J. Verlag an der Ruhr, 2010.
ISBN 978-3-8346-0726-3

Bartoli, Petra:
Kleine Kinder groß im Kommen. So gestalten Sie die Betreuung Unter-3-jähriger in Ihrer Einrichtung erfolgreich. Organisations- und Praxishilfen für Kindergarten & Hort. Praxisgestaltung in Kindergarten & Hort. *VNR-Verlag Deutsche Wirtschaft*, 2009.
ISBN 978-3-8125-0917-6

Danner, Eva; Vogel, Beate:
Bausteine Kindergarten. Ideen für die Kleinsten. 1–2 Projektthemen mit Liedern, Fingerspielen, Kreativangeboten, Sachbetrachtungen, Sinnesanregungen, Bewegungsimpulsen. *Bergmoser* + Höller Verlag AG, 2010. (Nur im Abonnement erhältlich.)

Bergmann, Brigitte:
Bewegung von Anfang an. Bewegungsförderung unter 3-Jähriger. Frühe Kindheit, Bewegung, Körpererfahrung & Gesundheit Cornelsen Verlag Scriptor, 2008.
ISBN 978-3-589-24578-9

Breuer, Kati:
Spielend lernen. ALS Studio-Reihe Bd.798 Kinder unter 3. *ALS-Verlag*, 2009.
ISBN 978-3-89135-156-7

Charner, Kathy; Murphy, Maureen; Clark, Charlie:
100 Rituale für die Krippe. Orientierung und Sicherheit für den Tagesablauf mit den Kleinsten. 1-3 J. Verlag an der Ruhr, 2010.
ISBN 978-3-8346-0712-6

Charner, Kathy; Murphy, Maureen; Clark, Charlie:
155 5-Minuten-Spiele für die Krippe. Zum Sprechen, Fühlen, Entdecken und Bewegen. 1-3 J. Verlag an der Ruhr, 2010.
ISBN 978-3-8346-0713-3

Reuys, Eva; Viehoff, Hanne:
Wir krabbeln, klettern, hüpfen. Ideen und Spiele für die 1- bis 3-Jährigen. Für Krippe, Kindergarten und Eltern-Kind-Gruppen. Don Bosco Verlag, 2009.
ISBN 978-3-7698-1727-0

Wagner, Yvonne:
Immer in Bewegung. ALS Studio-Reihe Bd.804 Kinder unter 3. *ALS-Verlag*, 2010.
ISBN 978-3-89135-162-8

Internet

http://www.kindergartenpaedagogik.de/
Unter den Schlagwörtern „Bewegung", „Krippe", „Unter-Dreijährige" o. Ä. finden Sie in diesem Online-Handbuch zahlreiche Fachartikel sowie hilfreiche Medienempfehlungen rund um die Arbeit mit Kindern unter 3.

Die Autorin:

Eva Danner schloss im Jahr 2000 ihre Ausbildung zur staatlich anerkannten Erzieherin ab. Sie konnte bereits in vielen verschiedenen Bereichen Erfahrungen sammeln und hat sich inzwischen auf den Bereich der Kleinkindpädagogik spezialisiert. Hier arbeitet sie in einem Karlsruher Kindergarten mit Kindern unter 3 Jahren. Neben einer liebevollen Betreuung ist ihr die Förderung der Kinder dieser Altersgruppe ein großes Anliegen.
Eva Danner ist Mitautorin des Buches „Mit Krippenkindern durch das Jahr!", das 2010 im Verlag an der Ruhr erschienen ist. Überdies publiziert sie gemeinsam mit Beate Vogel eine Heftreihe für die Arbeit mit Kleinkindern unter dem Titel „Bausteine Kindergarten – Ideen für die Kleinsten" und diverse Kreativbücher.

Verlag an der Ruhr

Postfach 10 22 51
45422 Mülheim an der Ruhr
Telefon 030/89 785 235
Fax 030/89 785 578
bestellungen@cornelsen-schulverlage.de
www.verlagruhr.de

Es gelten die Preise auf unserer Internetseite.

Mit Krippenkindern durch das Jahr!

15 kleine Projekte für Kinder unter 3

96 S., A4, Paperback, farbig
ISBN 978-3-8346-0718-8
Best.-Nr. 60718
17,80 € (D)/18,30 € (A)/30,10 CHF

Krippenarbeit live!

DVD, Buch und Praxismaterialien zum Leben und Lernen mit Kindern unter 3

Film: DVD mit 70 Minuten Spielzeit + 58 Minuten Bonusmaterial, **Grundlagenbuch:** 122 S., 16 x 23 cm, Pb., farbig, **Praxismaterial:** 66 S., 16 x 23 cm, Spiralb.
ISBN 978-3-8346-0599-3
Best.-Nr. 60599
45,90 € (D)/47,20 € (A)/71,20 CHF

Kribbelverse für Krabbelkinder

Spiel- und Bewegungsreime zum Wickeln, Essen, Trösten, Lachen

71 S., 16 x 23 cm, Spiralbindung, farbig
ISBN 978-3-8346-0635-8
Best.-Nr. 60635
15,50 € (D)/16,– € (A)/26,20 CHF

155 5-Minuten-Spiele für die Krippe

zum Sprechen, Fühlen, Entdecken und Bewegen

166 S., 16 x 23 cm, Paperback
ISBN 978-3-8346-0713-3
Best.-Nr. 60713
17,80 € (D)/18,30 € (A)/30,10 CHF

Spielen mit Kindern unter 3

Aktionstabletts, Versteckdosen und weitere Spiel- und Materialanregungen

0–3 J., 94 S., A4, Paperback, farbig
ISBN 978-3-8346-0603-7
Best.-Nr. 60603
19,80 € (D)/20,40 € (A)/33,10 CHF

Ich kenne einen Kugelfisch ...

Fingerspiele zur Sprachförderung in der Krippe

0–3 J., 72 S., Ringhefter, A5, quer, farbig
ISBN 978-3-8346-0852-9
Best.-Nr. 60852
14,50 € (D)/15,40 € (A)/25,60 CHF

Zwei klitzekleine Miezekatzen schleichen leis' auf ihren Tatzen ...

Klanggeschichten zur Sprachförderung in der Krippe

1–4 J., 88 S., Ringhefter, A5, quer, farbig
ISBN 978-3-8346-0850-5
Best.-Nr. 60850
14,50 € (D)/15,40 € (A)/25,60 CHF

Das KrippenKinderKniebuch

Klara kann das schon alleine!

Mitmachgeschichten, die den Tag begleiten

1–3 J., 18 S., A3 quer, Spiralbindung, farbig
ISBN 978-3-8346-0726-3
Best.-Nr. 60726
21,90 € (D)/22,650 € (A)/36,60 CHF

Keiner darf zurückbleiben